Uli Brée

# Schwindelfrei

**Frauen sind gar nicht so,
sie sind ganz anders …**

Residenz Verlag

Bibliografische Information der Deutschen Nationalbibliothek
Die Deutsche Nationalbibliothek verzeichnet diese Publikation in
der Deutschen Nationalbibliografie; detaillierte bibliografische Daten
sind im Internet über http://dnb.dnb.de abrufbar.

www.residenzverlag.at

© 2017 Residenz Verlag GmbH
Salzburg – Wien

Umschlaggestaltung: Bernhard Raggl / bernhardsbuero
Illustrationen: Janny Herzog
Typografische Gestaltung, Satz: Lanz, Wien
Lektorat: Jessica Beer
Gesamtherstellung: CPI books GmbH, Leck

ISBN 978 3 7017 1689 0

*Die Wirklichkeit, die Wirklichkeit*
*trägt wirklich ein Forellenkleid*
*und dreht sich stumm und dreht sich stumm*
*nach anderen Wirklichkeiten um.*
ANDRÉ HELLER

# Vorwort

Dieses Buch hat sich irgendwann verselbstständigt. Eigentlich wollte ich „26 aufrichtige Weibergeschichten" verfassen. Von A bis Z. Scheinbar ist es das auch geworden. Tatsächlich haben sich jedoch die Aufrichtigkeiten und die Erinnerungen mit den Unwirklichkeiten vermischt. Im Laufe meiner Schreiberei haben sich die Geschichten wie von selbst immer mehr ineinander verwoben und ein Eigenleben entwickelt, als hätten sich die Frauen (längst keine „Weiber" mehr) in diesen 26 Episoden hinter meinem Rücken miteinander verschworen und abgesprochen. Dafür bin ich ihnen unendlich dankbar. Eine Geschichte ergab die andere. Ich war zum neugierigen Mitreisenden geworden und wollte unbedingt die Lebensgeschichten meiner herbeigesehnten Figuren erfahren. So fantasierte ich mir in meiner Euphorie die Antworten auf meine Fragen einfach selbst, und es verschoben sich die greifbaren Erinnerungen immer mehr ins Unwirkliche.

Manchmal sind es kleine, wahrhaftige Momente, ein anderes Mal übernehmen frei erfundene Figuren Verantwortung für tatsächlich Erlebtes. Einige Geschichten sind grell, bunt und laut, andere dunkelgraue Melodien. Hin und wieder sind es auch nur kurze Schnappschüsse, festgehaltene Lebensmomente oder ausbuchstabierte Selfies. Glaubwürdige Unmöglichkeiten und plausible Unwahrheiten prägen diese Erzählungen. Nichts in diesem Buch ist wirklich so geschehen und doch ist es genau so passiert. Nur anders. Wie es einst schon Kurt Tucholsky so treffend formuliert hat: „Das Leben ist gar nicht so, es ist ganz anders ..." Genau so verhält es sich auch mit den Lebensmomenten in diesem Buch, daher der respektvoll abgewandelte Untertitel, den mir der wunderbare und von mir sehr verehrte Tucholsky hoffentlich gewährt hätte.

Die Zeit der Arbeit an diesem Buch war eine großartig beseelte, eine versöhnliche mit der Vergangenheit, eine kulante Abrechnung mit mir selbst und eine heilende mit meinen alten Wunden, in der ich vieles ans Licht geholt habe aus verschütteten Seelenfundgruben, eine Zeit, die mich täglich erfüllt hat, mich Neues gelehrt und mir geholfen hat, mich selber einen Hauch mehr zu Herzen zu nehmen.

Schreiben zu dürfen ist pures Glück.

*Uli Brée*

P. S.: All jene, die die Geschichte über Annette bereits aus dem Roman zu den Vorstadtweibern kennen, mögen mir diese Doppelung verzeihen. Aber Annettes Geschichte war der Auslöser dieses Buchs und macht es für mich erst vollständig.

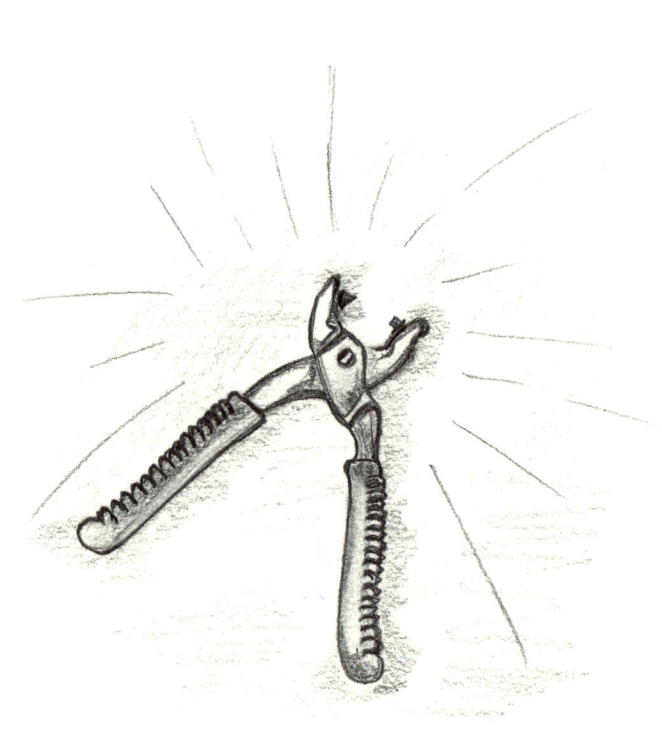

# Annette – Das Haarbüschel

Es ist schon eine Weile her, da war Annette seine Lebensabschnittsfreizeitpartnerin. Annette wollte allerdings mehr als nur ein Abschnitt sein. Sie wollte zusammenziehen, heiraten, Kinder kriegen, bausparen, Haus bauen, ihn mit seinem Geschäftspartner betrügen, sich scheiden lassen, ums Sorgerecht streiten, in der Gosse landen, Alkoholikerin werden, dumm sterben. Mit anderen Worten: das ganz normale bürgerliche Ehe-Programm.

Und da hatte er nicht ganz so enthusiastisch mitgezogen, im Gegenteil, er hatte Annette gefragt, ob sie komplett verrückt sei – und das hatte Annette wiederum nicht ganz so entspannt aufgenommen. An einem Sonntag, mitten am Heldenplatz.

Sie waren auf dem Weg ins Kino, um sich „Titanic" anzuschauen. Die Welt schien in Ordnung. Aber dann war Annette völlig unvermittelt in Tränen ausgebrochen. Aus heiterem Himmel und verschmähter Zukunft heraus.

Sie stand vor ihm, mitten am Heldenplatz, mit Tränen in den Augen und verkrampfter Körperhaltung. Sie schrie, als wäre sie die Netrebko mit einer verschleppten Stimmbandentzündung: „Ich liebe dich, du bist der Einzige für mich, der Mann meines Lebens und meiner Träume! Was willst du denn noch, ich habe dir alles gegeben, einfach alles!"

Als wäre das nicht schon genug öffentliches Drama, riss Annette sich auch noch mit einem Ruck ihr Jeanshemd auf. Ein paar Knöpfe flogen als Querschläger Richtung

Volksgarten, ein paar landeten zu seinen Füßen. Er stand regungslos da und dachte: „Wahnsinn! Das sind genietete Knöpfe, wenn die einmal abgerissen sind, dann kannst du das ganze Hemd vergessen. Entweder hängt noch ein Stück dran und du tust dir immer weh – oder du brauchst eine Nietzange und wer hat die schon!?" Es tat ihm leid um das schöne Jeanshemd. Das hatte er ihr geschenkt. Und sie warf es einfach in den Dreck. „Aber so sind die Menschen", dachte er, „die haben einfach kein Gefühl."

Annette schrie: „Da! Ich zeig dir mein Herz! Schau hin! Ich zeig dir mein Herz!" Er schaute auf ihre Brust, dorthin, wo man das Herz vermutete, aber da war nur dieser hautfarbene Push-up-Bra. Da war kein Herz. Sosehr er sich auch bemühte, er sah kein Herz. Außerdem hatte er die ganze Zeit woanders hinsehen müssen, weil unter ihrer Achsel ein paar Haare hervorstanden. „Vermutlich, weil sie sich schon ewig die Achselhaare nicht mehr rasiert hat", dachte er, „... und so komisch gekräuselt sind sie auch noch." Ihm war das vorher noch nie aufgefallen, dieses läppische Haarbüschel. Es sah aus, als wäre ein altes Kissen aufgeplatzt und die Rosshaare herausgequollen. „Arm irgendwie. Und so erbärmlich", dachte er.

In diesem Moment fand er das in seinem Innersten, ganz tief in sich drin, unglaublich witzig. Er konnte einfach nicht anders und bekam einen unfassbaren Lachkrampf.

Die Menschen am Heldenplatz blieben stehen und sahen zu, wie Annette ihm ihr Herz offenbarte und er ohne Ende lachte, während er mit dem Finger unter ihre Achsel deutete.

Annette hatte ihn daraufhin angesehen wie ein Erstklässler, dem sie die Schultüte zertreten haben. Dann hatte sie stumm das Jeanshemd ausgezogen, es vor seinen Füßen zu Boden fallen lassen, sich umgedreht und war wortlos davongegangen. Er stand da und dachte: „Komisch!

Wieso fällt mir nicht und nicht ein, wer solch eine Nietzange hat!? Und warum gehe ich Annette nicht nach und
kläre alles auf und sage: ‚Die Bella, klar! Die hat so eine
Zange! Die macht so viel mit Leder, die kriegt das Hemd
sicher wieder hin! Und übrigens, Annette, es tut mir leid,
wirklich, das war ein Missverständnis. Es war nur wegen
deinen läppischen Achselhaaren. Hör zu, ich finde das
an sich unheimlich nett von dir, dass du mir dein Herz
zeigst! Aber jetzt zieh dein Hemd wieder an, du verkühlst
dich noch.'"

So etwas in der Art würde man doch sagen – als anständi-
ger Mensch! Er blieb stehen und ließ Annette seelenruhig
über den Heldenplatz aus seinem Leben entschwinden. Er
dachte: „Nein, nicht die Bella hat so eine Zange, die Paula
hat so eine!" Er hob das Hemd auf, rief Paula an und fragte
sie, ob sie mit ihm ins Kino gehen wolle, da er ja jetzt eine
Karte zu viel hatte, nachdem Annette weg war. Und ob sie
ihm eventuell die Nietzange mitbringen könne wegen
dem Jeanshemd.

Manchmal ist man als Mensch wirklich das Letzte. Man
stürzt jemand anderen ins absolute Unglück, in pech-
schwärzeste Depression und tiefstes Leid, dreht sich um
und geht was trinken.

Er und Paula hatten viel Spaß im Kino und wurden für
einige Jahre ein glückliches Paar.

## Bella – Der falsche Zeitpunkt

Sie fand das Hotel Rialto in Venedig schrecklich. Auf der Heimfahrt stritten sie so heftig, dass er sie kurz einmal vor sein Auto stellte. Sie mochte nur ihn, aber nicht sein Leben. Sich selbst mochte sie schon gar nicht und noch viel weniger ihr eigenes Leben. Sie blieben zwei Jahre zusammen, weil sich ihre Körper perfekt ineinanderfügten. Aber dann mussten sie sich eingestehen, dass ihre Lebensuhren nicht synchron liefen. Den Fernseher hatte er ihr gelassen. Sein bisschen Herz hatte er wieder eingepackt und mitgenommen.

# Charlotte – Sekundenliebe

Eine Hundertstelsekunde. Genau wie bei Skirennläufern konnte dieser Hauch von Zeit über Sieg und Niederlage entscheiden.

Oder über dein Leben.

Ihre Blicke trafen einander in der Gemüseabteilung. Während er gedankenverloren Ausschau nach Biokarotten hielt, begutachtete sie mit sanftem Händedruck festkochende Kartoffeln. Ihr Blick verlor sich dabei in der Ferne und landete wie zufällig, doch mit der Kraft einer Tollkirsche, in seinen Pupillen, schlich sich wie ein Lichtstrahl in sein inneres Auge, zerplatzte darin wie ein Wassertropfen, der in Zeitlupe am Boden aufschlägt, und rann dann warm und leicht die Halsschlagader hinunter, direkt in sein pochendes Herz, das im Bruchteil einer Hundertstelsekunde vom Liebestau benetzt und beseelt war.

Sie ließ den Papiersack mit der Kartoffelsorte Charlotte des Kochtyps A, die bestens geeignet für Kartoffelsalat oder Salzkartoffeln war, einfach auf den verständnisvollen Fliesenboden fallen und lief ihm direkt in die offenen, liebesbedürftigen Arme. Vor lauter Glück fielen sie gemeinsam in die spanischen Gewächshaus-Tomaten.

Noch bevor er ihren Namen kannte, verließ er seine alte Freundin und sein restliches Leben. Er kündigte seinen Job, und Charlotte – so nannte er sie fortan – brach ihr BWL-Studium ab und log ihren Eltern vor, dass sie sich fortan gegen die internationale Kartoffelindustrie engagieren wolle. Ihre Eltern waren arme, von der EU geförderte Bauern, die Unsummen an Lizenzgebühren für Saatgut zahlen sollten und nun von Stolz erfüllt waren, dass ihre Tochter für die Freiheit der Kartoffelsaat eintreten wollte.

Sie stopften ihr bisschen Hab und Gut in ihre liebestollen Rucksäcke und umarmten ein ganzes Jahr lang die halbe Welt. Sie waren unzertrennlich und liebten sich an den unmöglichsten Orten. Auf dem Dach der Sagrada Família in Barcelona, in einem Hühnerstall in Dessau, auf einem Motorrad im Stau, in einem Beichtstuhl in Santiago de Compostela und sogar in einem schmalen Einzelbett im Chateau Marmont.

Sie weinten hin und wieder vor Glück und strahlten wie zwei Sonnen, sodass sich manchmal ein Regenbogen zwischen ihnen und der Wand ihrer Tränen entspann.

Dann ließen sie sich auf der Insel Chiloé nieder, nur weil ihnen der Name so gut gefiel. Bald darauf kam ihre erste Tochter zur Welt, die sie nach der speckigen Kartoffelsorte Ditta benannten, wegen ihrem süßen Babyspeck. Dann kam die zweite Tochter, Sieglinde, und dann die dritte, Linda, und schließlich kam Charlottes Bedauern darüber auf die Welt, dass sie ihr BWL-Studium nie abgeschlossen und ihre Eltern belogen hatte.

Das Heimweh plagte sie so wie ihn ihr Übergewicht, das sie ihrer Maßlosigkeit in Sachen Kohlehydrate verdankte. Charlotte wälzte sich faul und madig im Bett umher. Sie war eine fette, deutsche Kartoffel. Hätten sie ein Haus gehabt, dann wäre sein Segen schief gehangen. Aber auch eine Hütte reichte, um sich gegenseitig das Glück zu versalzen.

Er sehnte sich nach seinem früheren Leben und nach seiner alten Freundin Paula zurück, die er für Charlotte verlassen hatte. Plötzlich erschien ihm dieser ganze sentimentale Kartoffelschwachsinn nur mehr ein alberner Witz, eine peinliche Vergeudung, ein zermatschtes Seelen-Püree.

Und dann passierte es.

Eines Nachts stopfte er der schnarchenden, fetten Charlotte eine rohe Kartoffel ins Maul, bis sie erstickte.

Eine Hundertstelsekunde und einen Augenaufschlag später fand er hoch erleichtert die Biokarotten und gab sie in seinen Einkaufswagen. Die Frau legte die Kartoffeln wieder zurück und entschied sich für einen Sack Zwiebeln statt für ihn. Für einen kurzen Moment waren sie ein Paar gewesen und hatten ein gemeinsames Leben geführt.

Sie waren beide noch einmal davongekommen. Sie sahen sich nur ein einziges Mal wieder. An der Kassa. Als sie ging, lächelte sie ihn noch einmal an. Er hätte viel dafür gegeben, zu erfahren, welche Sekundenfantasie sie mit ihm bereist hatte ...

Dann war sie weg.

Manchmal hatte er solche Momente, er sah eine Frau und sie verzauberte ihn, als würde sie ihn, wie im Vorübergehen, mit etwas Feenstaub streifen. Dann stellte er sich vor, wie wohl das Leben mit ihr wäre. Und er ließ sie ziehen und bedauerte, dass er sie nicht angesprochen und seinem Gefühl nicht vertraut hatte, um seinem Schicksal eine Überraschung zu bereiten.

Es gab Unbekannte, die ihm lange nicht aus dem Kopf gingen. Er kehrte täglich an den Ort der Begegnung zurück, in der Hoffnung auf ein von beiden ersehntes Wiedersehen. Und er war schließlich froh über das Vergessen, die Unschärfe der Erinnerung. Nur so konnte er seinen Ärger über das womöglich verpasste Lebensglück ertragen.

Was wäre, wenn er einfach seinen Gefühlen vertrauen und sich voller Euphorie jedes Mal aufs Neue, mit dem unbändigen Mut, zu scheitern, in die Ungewissheit Liebe stürzen würde?

Denn auch wenn die größte Liebe in den meisten Fällen an einer rohen Kartoffel erstickt, so sollte doch niemand vergessen, wie weit der Blick übers Meer reicht, vom Dach der Sagrada Família in Barcelona, während man einen Moment lang aufrichtig liebt.

# Dorothea – Die vorgetäuschte Pizza

Als er ein kleiner Junge war, war er schon ziemlich groß. Zumindest rein körperlich. Während andere Jungen in seinem Alter genauso unselbstständig und auf die Hilfe erwachsener Frauen angewiesen waren wie er, so waren sie doch trotzdem davon überzeugt, zum Weltherrscher oder zumindest zum Diktator geboren zu sein. Er leider nicht. Im Gegenteil. Auch wenn seine Mutter ihn manchmal scherzhaft Alexander den Großen nannte.

Er hatte schon immer Respekt vor Frauen. Sie flößten ihm regelrecht Angst ein. Vielleicht war das auch ein Grund, weswegen er den direkten Kontakt mit ihnen zeitlebens vermied. Man schaut sich ja auch nicht freiwillig Horror-filme an, wenn man sich vor ihnen fürchtet, oder!?

Und vielleicht war ja folgendes, in unseren Augen ein wenig banales Erlebnis für seine Angst vor Frauen ausschlaggebend.

Er war sechs oder sieben Jahre alt, da fuhren sie mit dem Zug, an einem Sonntag, seine Mutter und er. Der Zug hatte angehalten und eine wunderschöne Frau war eingestiegen. Das Abteilfenster war geöffnet, und als die Frau die Tür zur Seite schob, gab es einen kurzen Windstoß, ihren leichten Sommerrock hatte es hinaufgeweht wie einst den von Marilyn Monroe, und er hatte für einen Bruchteil von Sekunden einen Hauch ihrer zartrosa Unterwäsche aufgesogen. Genau auf Augenhöhe. Er musste wohl wie versteinert, mit offenem Mund auf dieses traumhafte Paradies gestarrt haben, denn seine Mutter holte ihn schließlich mit einer schallenden Ohrfeige zurück in die Realität.

Das hatte ihn geprägt. Sehr. Leider.

Das Allein-Dasein hat auch seine Vorteile, dachte er manchmal.

Viele Jahre später, als er längst erwachsen war, hatte er aus Einsamkeit Zuflucht in einem Buch gesucht: „10 Strategien, die Ihr einsames Dasein dauerhaft beenden. Ich finde mich so toll – warum bin ich noch Single?" Fragezeichen! Das hatte er sich dann auch gefragt und war in seiner intellektuellen Schlichtheit zu folgendem Ergebnis gekommen: Das Problem lag darin, so glaubte er, dass er sich eigentlich nicht so toll fand. Schon von der Frisur her. Die war laut Buch nicht ganz typgerecht. Auch wären bei seiner Körpergröße etwas breitere Schultern ratsam gewesen, um ein Mindestmaß an Attraktivität zu garantieren, in der Hoffnung, einen positiven Bezug zwischen seiner großen Nase und seinem Geschlechtsorgan herzustellen, zumindest einem allgemeingültigen Allgemeinplatz zufolge. Auch in dieser Hinsicht war er von sich selbst enttäuscht. Darüber gab es in dem Buch leider keinen einzigen Eintrag.

Auch sein BMI, also sein Body-Mass-Index, dürfte eher verhaltensauffällig sein. Nahm er an. Ihm fehlten allerdings auch hier die mathematischen Grundlagen und die Muße für die genauere Überprüfung dieser Fakten.

Davon abgesehen, hatte er sich überlegt, dass es in seinem Fall sowieso egal war, weil er ja den direkten Kontakt zum weiblichen Geschlecht ohnehin möglichst vermied. Vielleicht aus Furcht, sich wieder eine Ohrfeige einzuhandeln.

Einmal hatte er sich überwunden, eine Therapie zu machen. Er war über die Krankenkasse an eine ausgesprochen streng dreinblickende Therapeutin in einem großkarierten Schottenrock geraten, welcher augenscheinlich nur von einer überdimensionalen, bronzefarbenen Sicherheitsnadel zusammengehalten wurde. Während seiner ersten Sitzung konnte er den Blick nicht von dieser Nadel lassen, aus Furcht, sie würde aufspringen und etwas preisgeben, das er auf keinen Fall zu Gesicht bekommen wollte. Und womöglich würde er dafür auch noch eine Ohrfeige erhalten. Eine fürchterliche Vorstellung, die ihn in einen katatonischen Zustand versetzte. Er starrte, scheinbar ohne zu atmen, jedenfalls ohne zu reden, ohne sich auch nur einen Millimeter zu bewegen, 45 Minuten lang auf diese riesig große, Furcht einflößende Sicherheitsnadel, die nur darauf wartete, aufzuspringen und ihn anzugreifen.

Die Therapeutin legte währenddessen Patiencen oder machte zwischendurch ein kurzes Power-Näppchen.

Nach der zweiten Sitzung ging er nicht mehr zu ihr. Er besuchte einen anderen Therapeuten, um seine Traumatisierung durch die karierte Schottin in den Griff zu bekommen. Als dieser allerdings immer mehr seine Nähe suchte und sich am Ende der dritten Sitzung zu ihm aufs Sofa legte, gab er auf und zog sich komplett zurück. Fortan vermied er jeglichen Kontakt zu anderen Menschen.

Seine gnädigerweise verstorbene Mutter hatte ihm das Haus und etwas Geld vererbt, sodass es ihm möglich war, keinerlei Arbeit nachgehen zu müssen. Er hatte sich ausgerechnet, dass er die nächsten 23 Jahre den Pizzaservice bezahlen könnte, wenn er nicht über die Stränge schlagen und keine zusätzlichen Leistungen wie Salate oder Desserts in Anspruch nehmen würde. Seinen einzigen Kontakt zur Außenwelt, abgesehen von dem alten Taiwanesen, der ihm die Pizza brachte, hatte er per Telefon.

Doch langsam tastete er sich wieder zu den Frauen vor, genauer gesagt, übers Tastentelefon. Also mehr auf der telefonischen Ebene und nicht auf der körperlichen. Das war ihm einfach zu anstrengend. Auch von der Frisur, den Schultern und vom unbekannten BMI her.

Da gab es eine Art Single-Chat, und wenn man sich am Telefon gut verstand, konnte man später auch einmal an Kinder denken. Dazu müsste man sich dann allerdings persönlich treffen, notgedrungen. Das war ihm bewusst.

Falls man sich am Telefon, also falls die Beziehung schon so tief war, dass man sich am Hörer nähergekommen war und ein wenig geschmust oder auch schon Petting gehabt hatte, und dann eines Tages, nach unzähligen Gesprächen, der Wunsch wach wurde, miteinander zu schlafen, konnte man entweder immer noch auflegen oder eben, nach reiflicher Überlegung und Hinterfragen der Emotionen und der Frisur, es dann einfach tun. Am besten in der Nacht, weil da die Tarife günstiger waren. Denn wer gerne ausgiebig und intensiv und auch ehrlich lieben und nicht nur an einer schnellen Telefon-Nummer interessiert war, der sollte wirklich wissen, was er tut. Damit es für beide schön würde.

Dann rief Dorothea an.

Sie hatten sich über Festnetz kennengelernt. Sie waren beide sehr analog eingestellt. Ein Festnetztelefon war doch noch einmal etwas anderes. Das war wie mit einem Schallplattenspieler oder einem Kassettenrekorder. Das klang einfach noch echt.

Das mit Dorothea war auf Anhieb unglaublich zärtlich. Sie hatten einander einfach gleich gespürt. Sie hatten sich wahnsinnig viel aus ihrem Leben erzählt. Also sie. Nicht er. Weil er ja eigentlich nicht viel zu erzählen hatte. Aber sie hatte gemeint, dass sie ihren Mann verlassen hatte, er sie aber nicht, was dazu führte, dass sie aus der Wohnung ausgezogen war, obwohl es eigentlich ihre Wohnung war. Und dass sie eine erwachsene Tochter hatte, die Roxanne hieß, wie das Lied von Police, aber alle nannten sie Rosa, weil Roxanne am Land zu exotisch klang. Während sie das sagte, dachte er, dass schon der Satz über Roxanne schön klang. Aber er war ja auch nicht vom Land.

Er hatte Dorothea nicht gefragt, wie alt sie war.

Nach einer Woche lud er sie zum Essen ein. Das kostete ihn unglaublich viel Überwindung, aber dann nahm er seinen ganzen Mut zusammen und bestellte einfach übers Handy für sie und für sich heimlich Pizza bei seinem Pizzaservice, und als es dann bei ihr zu Hause im Hintergrund klingelte, und er sagte: „Na, das wird doch wohl nicht der Pizzamann sein!?", da schaute sie so … Also, er stellte es sich jedenfalls vor, und als sie dann zurück zum Telefon gekommen war, sagte sie: „Stell dir vor, mir hat gerade der Pizzamann eine Pizza Hawaii gebracht."

Idiot, dachte er.

Aber dann hielt er es nicht mehr länger aus und sagte: „Du, Dorothea, die ist von mir, die Pizza. Es hätte eigentlich eine Pizza Amore werden sollen, aber ich hoffe, du magst sie trotzdem."

Und dann sagte sie: „Das hast du jetzt schön gesagt."

Und er sagte: „Wirklich?"

Und dann sagte sie: „Ja!"

Und dann deckten sie gemeinsam den Tisch. Sie hatte bei sich zu Hause das große Licht abgedreht, er in seiner Küche eine Kerze angezündet, Musik aufgelegt und einen frischen Tetrapak Johannisbeerwein aufgerissen. Und dann aßen sie gemeinsam.

Das war sehr schön.

Seine Pizza war zwar dummerweise noch nicht da, aber er tat einfach so, als würde er eine essen, er schmatzte einfach ein bisschen, schleckte sich das Fett von den Fingern und sagte: „Mmh, schmeckt das gut." Und es war wunderschön.

Das war das erste Mal, dass ihm die Scheißpizza geschmeckt hatte. Schließlich stellte er leise die Frage aller Fragen: „Du, Dorothea, magst du mit mir schlafen?"

Da war es für einen Moment lang ganz still in der Leitung und ihm blieb das Herz stehen. Er dachte: „Ist das eine Störung oder hat sie aufgelegt? Nein, dann würde es ja tuten. Oder hat sie gerade jetzt jemand anderen am Handy?" Und als er schon auflegen wollte, da kam es ganz leise aus dem Hörer: „Ja, ich will!"

In dieser Sekunde bekam er so eine Gänsehaut, dass es das schon fast gewesen wäre. Aber dann dachte er: „Nein, reiß dich zusammen. Denk an eine schwarze Wand." Das half.

Dann waren sie rüber ins Schlafzimmer gegangen, an das andere Telefon, also sie, er hatte ja ein schnurloses.

Sie legten sich aufs Bett und zogen sich langsam aus. Er sagte, dass er ein bisschen aussehe wie Bruce Willis, nur mit mehr Haaren und ein bisschen weniger Schultern. Aber vom BMI her wären sie quasi eins. Und sie hatte gesagt, sie sähe aus wie … na ja, sie sähe jedenfalls gut aus.

Er stellte sich vor, dass sie einen kurzen Sommerrock trug. Alles kam wieder hoch, seine ganze Kindheit. Er kniete sich hin, damit er noch einmal alles vor sich sehen konnte, wie damals, mit sieben Jahren im Zug, genau auf Augenhöhe. Und dann hatte er sie gesehen, in voller Schönheit, ganz schmal und zart; rosa Strapse!!

Dann kam der Pizzamann – und er auch. Das Klingeln war wie eine Ohrfeige. Er hatte versucht, es hinauszuzögern, aber sonst hätte der Pizzamann so lange warten müssen, und das erschien ihm unhöflich.

Aber das Schöne war, dass Dorothea volles Verständnis dafür hatte. Obwohl … sie hat ihn jetzt auch schon zwei Jahre nicht mehr angerufen.

Er glaubt, so jetzt im Nachhinein, dass sie es als Vertrauensbruch angesehen hat, dass er ihr die Pizza nur vorgetäuscht hatte.

# Ernestine – Das Leben ist gar nicht so ...

Pech, dachte sie sich, Pech ist, wenn du am 8. Mai 1945 stirbst. So wie ihr Vater, der als einfacher und unfreiwilliger Soldat den Krieg mit all seiner Bitterkeit endlich überstanden hatte, in freudiger Erwartung heimkehrte, und am allerletzten Kriegstag durch eine törichte Unachtsamkeit tödlich getroffen wurde. Das war Pech. Schicksal. Schrecklich. Fürchterlich. Unsagbar.

Aber ein Baby, ein Kind, ein neues Leben!? Das war doch ein Geschenk. Eigentlich. Aber unter diesen Umständen? War sie zu naiv gewesen, zu einfältig, zu verliebt, oder gar genauso töricht wie ihr Vater damals? Nur, dass ihm damals das Leben genommen und ihr nun eines geschenkt wurde. Eines, das der Mann, den sie glaubte zu lieben, nicht haben wollte.

Wie sollte sie das ihrer Mutter beichten? Ihrer Mutter, die allein acht Kinder durchfüttern musste, und nun brachte die Älteste auch noch einen unehelichen Bankert nach Hause. Noch dazu vom Sohn des arroganten Sägewerksbesitzers, wo doch jeder im Ort wusste, dass der ein Hallodri, ein reicher, verwöhnter Luftikus war. Aber was sollte sie tun? Er war nun mal auch sehr charmant und fesch und höflich und lustig und geistreich. Das war schon ein verlockendes Angebot gewesen. Damals. Wenn man immer nur entbehren und arbeiten und auf die jüngeren Geschwister schauen musste.

Wie man ein Kind verhütete, das wusste sie damals nicht wirklich. Sie wusste ja kaum, wie man überhaupt eines bekam. Das ahnte sie nur. Sie vertraute einfach auf Gott.

Sie weinte viel. Und sie war viel allein mit ihrem Schmerz. Mit niemandem konnte sie reden und sich niemandem anvertrauen. So verstummte sie innerlich immer mehr. Sie hatte es nicht anders gelernt. Sie schwieg sich ihren Schmerz, ihr Unglück einfach weg, bestrich ihre Wunden mit stillem Selbstmitleid, anstatt sie zu heilen. Flüchtete sich in Arbeit, anstatt hinzusehen. Das Leben musste weitergehen. Ein Satz, den sie, wenn sie allein mit sich war, zigfach auf die Tapete hinter ihrem Bett schrieb und trotzdem unsinnig fand.

Warum? Warum musste das Leben eigentlich immer weitergehen? Bei ihrem Vater war es auch nicht weitergegangen. Dabei hätte er sich nichts sehnlicher gewünscht als das. Im Gegensatz zu ihr. Sie hatte sich, nachdem sie begriffen hatte, dass sie schwanger war, oft nach einem Ende gesehnt.

Ihr jetziges Leben war kein Leben. Es drehte sich tagtäglich in der immer gleichen Endlosschleife um eine einzige Pflicht – zu überleben. Aber wer überlebt, so schien es ihr, lebt deshalb noch lange nicht. Ihr schien es, als hätte Gott die Pause-Taste gedrückt.

Nachdem sie ihrer Mutter alles gebeichtet hatte, sprach diese wochenlang nicht mit ihr. Das überraschte sie nicht. Sie war ja bei ihrer Mutter in die Lehre gegangen, was das Schweigen und das stille Ertragen betraf. Nach dem Krieg, da war ein uneheliches Kind noch eine echte Schande. Kaum hatte ihr Leben nach den grauen Kriegsjahren mit ihr tanzen wollen, da war das Lied auch schon wieder vorbei. Mit einem kräftigen Tritt stieß sie das Schicksal vom Tanzboden in den Dreck.

Nachdem sie ihre Tochter bekommen hatte, ging sie wieder arbeiten. Sie kellnerte in einem Café. Von den Männern hatte sie die Nase voll und vom Leben auch. Perspektiven gab es nicht. Es hatte sich ausgetanzt.

Nur einmal, da war etwas. Da hatte einer ihre Seele erhellt. Einen Kaffee und ein Achtel Wein lang. Er war kein Hiesiger, da war sie sich sicher, sie hatte ihn noch nie zuvor gesehen. Vielleicht war er auch ein kleiner Hallodri. Vielleicht zog sie die Luftikusse, die so gern küssten, ja an. Er hatte jedenfalls den ganzen Tisch unterhalten und immer wieder angefangen zu singen, bis die ganze Runde eingestimmt hatte. Und dabei hatte er zu ihr hinübergeschaut. Er wollte sie sogar auf ein Glas Wein einladen. Aber das war ihr nicht gestattet. Und sich mit der Chefin anlegen? Vielleicht sogar die Anstellung verlieren? Auf gar keinen Fall. Und was wäre, wenn er sie ausführen wollte? Wie sollte sie ihm das von dem Kind erzählen?

Dann war er weg.

Er war ihr nicht aus dem Kopf gegangen. Er hatte ihr gefallen. Das ist jetzt auch schon wieder vier Jahre her. Trotzdem gibt sie im Stillen, wenn sie an schwachen Tagen verloren an der Theke lehnt, die Hoffnung nicht auf, dass er eines Tages wieder lachend zur Türe hereintreten und zu ihr sagen würde: „Komm mit, du Schöne, ich bring dich weg von hier …"

Dann würde das Leben wieder weitergehen …

# Ernestine – ... es ist ganz anders!

Ihr Vater starb am letzten Kriegstag, weil er sich weigerte, dem Führer abzuschwören. Es hieß, die Russen hätten ihm sein Leben geschenkt, wenn er bereit gewesen wäre, seinen Darm auf „Mein Kampf" zu entleeren. Er lehnte undankbar ab und starb unter Grausamkeiten. Der Führer, der so viel Unheil über die Welt gebracht hatte, war ihm kostbarer als Frau, Kinder und das eigene Leben.

1945 betrat der singende Charmeur zum ersten Mal das Café, in dem Ernestine arbeitete. Die Münchner Oper hatte oberhalb des Cafés Zimmer angemietet, wenn sie in der Stadt gastierte. Zu Ernestines Aufgaben gehörte es dann auch, den Sängern und Schauspielern die Hemden zu bügeln. Allerdings gehörte es nicht dazu, dem singenden Charmeur jedes Mal einen Keks auf das glatt gebügelte Hemd zu legen.

In den Pausen lehnte sie oft im Café an der Theke und träumte sich ein anderes Leben herbei. Manchmal kam der frisch gebügelte Charmeur darin vor, ein anderes Mal nicht. Sie tauschten zarte Küsse und Briefe aus, die er von seinen Tourneen an sie sandte. Immer, wenn es ihm möglich war, reiste er zu ihr und umwarb sie. Viele Jahre lang. Das gefiel ihr. Gleichzeitig wollte sie mehr. Sie wusste nur nicht, wie dieses MEHR aussehen sollte. Dabei konnte doch alles nur MEHR sein als jetzt.

Die herzverkümmerte, verschlossene Mutter, die anstrengenden Geschwister, die Nachwirkungen des Kriegs, der Verlust des Vaters, der Hunger nach einem eigenen Leben, all das lehnte mit ihr an der Theke des Cafés und wog so schwer, dass es sie hinunter ins Nichts zog, durch den Parkettboden hindurch bis zum Mittelpunkt der Erde und auf der anderen Seite wieder hinaus, direkt in die tasmanische Sonne. Bis zu ihrer Schwester, die mit ihrem Freund genau dorthin in ein neues Leben geflohen war. Mehr als dieses MEHR gab es wohl nicht.

Fünf lange Jahre sollte das so gehen, bis sie dem drängenden Wunsch eines anderen nachgab und ihren Sehnsüchten erlag. Alles, was sie sich bisher erhofft hatte, war nicht eingetreten. Dass sie allerdings „in guter Hoffnung" war, dieses Glück hatte sie nicht gesucht. Oder doch? War ihre stille Hoffnung gewesen, dass der Sohn des Cafetiers sie heiraten würde? Dass sie ihm MEHR wert war als alles andere? Aber er tat es nicht. Er ließ sie fallen wegen einer anderen Frau, die ebenfalls in böser Hoffnung schien. Ja, er heiratete die andere.

Ernestine verlor in dieser Zeit alles; ihre Anstellung, den Kindsvater und ihren Glauben ans MEHR. Ihre Seele schien für immer aus dem Lot gerückt. Sie fiel ins Nichts. Aber danach landete sie nicht in der Sonne. Nicht im Licht. Nein, nur im erstickenden Abgrund. Der Schmerz saß so tief und brannte sich so fest in ihr Herz, dass sie im Mittelpunkt der Erde zu ersticken glaubte und dem Kindsvater bei der Geburt der Tochter all jenen Schmerz wünschte, den sie durch ihn erlitten hatte.

Das Leben war nicht gerecht.

Aber da gab es noch den singenden Charmeur, der um sie warb, der sich mit Küssen begnügte und ihr keine Lügen versprach. Wie würde er reagieren, wenn es da das Kind eines anderen gab? Würde er sich nicht enttäuscht von ihr abwenden? Würde seine Hingabe standhalten oder der Stolz und die gekränkte Seele Oberhand gewinnen?

Er warb schon so lange um sie und doch war er zu feig zu einer Konsequenz. Der andere war entschlossener gewesen. Mit seiner Beharrlichkeit hatte er Ernestine in sein Bett gelegt und ebenso schnell wieder vor die Türe gesetzt. Sie beschloss, den glatt gebügelten Charmeur zu einer Entscheidung zu nötigen, indem sie ihm erzählte, dass ein anderer um ihre Hand angehalten hatte. Einer, der sie nehmen wollte, obwohl sie nun zu zweit und nicht mehr allein war.

Der Charmeur war nicht so glatt wie seine Hemden. Er hatte auch seine Träume, wenn er nach der Vorstellung im Café saß, große Reden schwang und gemeinsam mit den Kollegen alte Lieder sang. Er träumte von einer Sängerkarriere, malte sich seine Zukunft auf Opernbühnen und in Tonfilmen aus. Mit seinem Kollegen, Hans Rolf Rippert, reimte er sich zu später Stunde ihre Karrieren zusammen. Als singende Kosaken wollten sie Deutschland erobern. Er war überzeugt, seine Stimme, sein Auftreten, sein Talent erforderten nur das eine: am rechten Ort zur rechten Zeit zu sein. Er musste nur entdeckt werden, dessen war er sich sicher.

Er war sich aber nicht sicher, ob das besagte Café der richtige Ort für ihn war. Vielleicht kehrte er deshalb immer wieder dorthin zurück, um sich und das Schicksal zu prüfen. Da war Ernestine, die junge Kellnerin, die ihm das Herz verdrehte, die gleichzeitig mit dem vielbegehrten Sohn des Cafetiers flirtete, der ohne Zweifel eine gute Partie war. Und er!? Was war mit ihm? Wie würde sein MEHR an Träumen aussehen, wenn er sich für Ernestine entschied? Jetzt, wo sie ihm unter Tränen gebeichtet hatte, dass sie von dem erstklassigen Kaffeeröster ein Kind erwartete. Ihm schien, dass sie sich beide von ihren Träumen verabschieden mussten, um eine gemeinsame Wirklichkeit zu schaffen. Er würde für die beiden sorgen müssen, sie würden mit ihm in seine Heimat ziehen, um dem

Gerede und der Mutter zu entgehen. Sie würden wachsen an den Sehnsüchten, die sie in ihren Fundgruben zurückließen. Das war seine Hoffnung. Und wenn er ehrlich zu sich war: Wer wollte schon singende Kosaken hören? Gerade jetzt, ein paar Jahre nach dem Krieg mit den verhassten Russen! Lächerlich. Das dachte er sich und hielt um ihre Hand an, während er sich mit der anderen Hand traurig winkend von seinen Träumen verabschiedete.

Ernestines bei der Geburt ihrer Tochter herausgeschriener Fluch sollte in Erfüllung gehen. Der Kaffeeröster fiel bald darauf vom Apfelbaum und fristete den Rest seines Lebens im Rollstuhl.

# Friederike – Die Liebeslehre

 *Er entdeckt ihr Auto an dem verwaisten Strand.*

*Bilder von Sommerurlaubsorten im Winter haben immer etwas Trostloses. Die geschlossenen Geschäfte und Restaurants, die leergefegten Strandpromenaden, die fehlenden Urlauber, der raue Wind, der in Grau gehüllte Himmel und die enttäuschenden Temperaturen.*

*Die Vorderräder in den Sand gerammt. Die Türen offen. Der Zündschlüssel steckt. Im Radio Harry Belafonte. Friederikes Mantel im Sand, als hätte sie ihn achtlos abgestreift. Gleich daneben Quanitas Jacke, ein paar Schritte weiter ihre Hose, Friederikes Rock, ihre Bluse vom Wind fortgetragen, verfangen im Treibgut. Die Kleider führen wie eine unübersehbare Spur zum offenen Meer. Quanitas Turnschuhe stehen am Ufer, als hätte sie sie fein säuberlich dort abgestellt. Sich gegen den Wind und die Wellen stemmend, begreift er mit einem Mal das Unsägliche.*

So hatte es sich Friederike immer wieder ausgemalt. Sie und Quanita würden einfach im Meer verschwinden und alles wie einen gemeinsam geplanten Selbstmord aussehen lassen. Sie würden irgendwo in Tasmanien oder Thailand ein neues Leben beginnen. Vielleicht würden sie auch nach Südamerika reisen und erst einmal Unterschlupf bei Quanitas Familie suchen. Und ihr Mann würde ratlos am Meeresufer stehen. So malte sie es sich immer und immer wieder aus.

Die ganze Misere hatte begonnen, als Quanita vor vier Jahren zum ersten Mal ihr Haus betreten hatte. Bis dahin war ihr Leben so geschickt in ein feudal-arrogantes Selbstverständnis gehüllt gewesen, dass niemand Interesse daran gehabt hatte, hinter die akribisch strukturierten Lebensentwürfe zu blicken, um die Abgründe darunter freizulegen. Sie hatte einmal einen Sinnspruch gelesen, der besagte, dass der Alltag ein ewiges Kreuzworträtsel und das Leben ein nicht eingelöster Lottogewinn sei. Friederike hatte sich entschieden, das Leben durch Regeln zu enträtseln und ihr Glück in Fonds anzulegen.

Quanita studierte Neurologie an der Universität, an der Friederikes Mann unterrichtete, und suchte einen Nebenverdienst. Und Friederike suchte eine neue Babysitterin.

Die junge Frau mit puerto-ricanischen Wurzeln wirkte in allen Belangen überbordend, ihr üppiger Körper genauso wie ihr Naturell. Sie schien in allem, was sie tat, lebensfroh, lustvoll und leidenschaftlich zu sein. Friederike, ihr Mann und ihr gemeinsamer zehnjähriger Sohn waren genau das Gegenteil. Wo Quanita rund und exotisch war, waren sie eckig und liebesleer.

Friederike hatte nie unter ihrem knabenhaften Körper gelitten. Im Gegenteil. Sie mochte den kleinen, knochigen Körperbau, der auf jegliche weibliche Attitüde verzichtete. Sie hatte so gut wie keinen Busen, ihr Becken war wenig ausgeprägt und ihr kantiges Gesicht mit der akkuraten Nase passte perfekt zu ihrem Kurzhaarschnitt. Dazu trug sie gern dunkle Businesskostüme und braune Aktentaschen, niemals Handtaschen. Jemand wie sie konnte nur Scheidungsanwältin werden. Davon hatte sie immer geträumt.

Und sie wollte nur Frauen vertreten. Auch diesen Traum hatte sie sich erfüllt. Ja, Friederike konnte sehr entschlossen sein.

Im Laufe der Jahre war sie in ihrer Wohnsiedlung zum sicheren Garant in Sachen Scheidung aufgestiegen. Die Frauen der Gegend vertrauten ihr. Und Trennungen gab es hier genug. Menschen im Wohlstand ließen sich eher scheiden als andere. Sie konnten sich ihre Gefühle leisten. Andere eher nicht. Andere waren durch Hauskredite und Schulden aneinandergekettet.

Sie mochte Frauen. Allerdings wusste sie bis zu jenem Tag nicht, wie sehr und auf welch besondere Art. Diese Erfahrung war ihr gänzlich neu. Vielleicht, weil sie bis zu jenem Tag, an dem Quanita aus dem Auto ihres Mannes stieg und Friederike die beiden unbemerkt durch das Küchenfenster beobachtete, nicht geahnt hatte, was Liebe überhaupt bedeutete. Da ging der Mann, den sie geheiratet hatte, den Weg hinauf zum Haus, und ihr Herz schlug höher, es schien ihr förmlich aus der kleinen, flachen Brust zu springen, aber nicht wegen ihm, sondern wegen dieser vollbusigen, dunkelhäutigen und strahlend schönen Frau neben ihm. Friederike fürchtete sich in diesem Moment so sehr vor diesem unbekannten Gefühl, dass sie am liebsten die Türen und Fenster zugenagelt hätte, bis dieser pralle Dämon wieder verschwunden war. Obwohl ihr nicht klar war, ob der Dämon sich vor oder hinter ihrer Türe verbarg. Sie ahnte nur, dass ihr Untergang bevorstand.

Friederikes Vater hatte ihr zu ihrem 18. Geburtstag einen mächtigen Aktenordner überreicht, in dem er akribisch darüber Buch geführt hatte, was Friederike ihn bis dato gekostet hatte. Jede Hose, jedes Medikament, jedes Essen waren darin genau aufgeführt. Er entließ sie ins Erwachsensein mit den Worten: „Ich hoffe, die Investition hat sich gelohnt." 138 500 Euro und 40 Cent. Die Zahl hatte sich in ihr Herz eingebrannt.

Sie hatte viel von ihren Eltern gelernt. Sie traf immer nur Entscheidungen, die vorteilhaft, sinnvoll und vernünftig waren. Alles andere tat sie als naiv und bedauernswert ab. Wenn sie sich gehen ließ, dann brachte sie ihr ausgerenktes Ich mit einem Ruck von innen schnell wieder in Form. Sicher, auch sie hatte ihre kleinen Geheimnisse. Jeden Morgen, wenn sie regungslos vor dem Badezimmerspiegel stand, brachte sie sich in Gedanken um. Manchmal stellte sie sich vor, wie sie sich in den Kopf schoss und das ganze Blut den Spiegel vollspritzte. Ein anderes Mal schlug sie den Kopf dagegen oder rammte sich ganz langsam die Nagelschere in den Hals. Es war ein intimes Ritual. Sie hatte regelrecht Freude daran.

Die Wirklichkeit der Sehnsucht. Friederike beging täglich Selbstmord und überlebte aus Gewohnheit.

Menschen, die ihren Gefühlen folgten, waren in ihren Augen angreifbar. Ihr Mann dachte genauso. Er war Wissenschaftler und hatte ihr einmal sehr genau erklärt, wie Liebe funktionierte. In Wahrheit war es nur ein chemischer Prozess. Wenn auch ein hochkomplexer. Er sprach von Botenstoffen und Neurotransmittern und Verliebtheitshormonen. Man könne auch genauso gut ein Stück Schokolade essen. Am Ende war ihr klar: Die Liebe ist nur ein unverlässliches Hormon.

Vielleicht glaubte sie daher, dass ihr Mann der Richtige für sie war.
Weil man mit ihm das Leben planen konnte.
Weil er sich nicht von Gefühlen leiten ließ.
Weil es auf der Hand lag.
Weil es Sinn machte.
Weil sie beide keine Schokolade mochten.

34

Und so, wie sie ihr gemeinsames Leben geplant hatten, so verlief es auch. Bis zu jenem Tag. Ihr Au-pair-Mädchen hatte überraschend gekündigt, aus sentimentalem Heimweh, und war von einem Tag auf den anderen verschwunden. Friederike würde die Agentur verklagen müssen.

Quanita stellte das gesamte Familiengefüge auf den Kopf. Alle waren ihr verfallen. Von der ersten Sekunde an. Ihr Sohn, ihr Mann und Friederike. Es war, als wäre die Sonne aufgegangen in einem bis dato autarken Schattenreich. Alle veränderten sich, wurden ausgeglichen, leichtsinnig und glücklich. Ihr Mann nahm an Gewicht zu, ihr anstrengender und störrischer Sohn entwickelte sich zu einem fröhlichen Kind. Und Friederike? Manchmal hatte sie das Gefühl, ihr verkümmertes Herz wachse und gedeihe durch Quanitas Lebenslust. Ja, ab und zu ließ sie sogar Milde walten oder einen Hauch von Menschlichkeit oder Nachsicht bei ihren Verhandlungen vor Gericht. Die Härte in ihrem Gesicht verflüchtigte sich. Sie betrachtete sich jetzt öfter im Spiegel. Vor den Verhandlungen. Wenn sie noch einmal schnell auf die Toilette ging, bevor sie in den Scheidungskrieg zog. Sie betrachtete sich dort eine ganze Weile, fuhr sich sanft mit den Fingerspitzen über Lippen, Wangen und Augenlider und stellte sich vor, dass Quanita hinter ihr stand, ihre Arme um sie legte und sie wärmte. Und dass es Quanitas Hände waren, die ihr sanft über die Wangen strichen. Dass sie Quanitas warmen, großen Busen in ihrem Rücken spürte, während sie sich ganz fest an sie schmiegte.

Nur einen kleinen, klitzekleinen, aber durchaus entscheidenden Haken hatte die ganze Sache: So entschlossen und radikal Friederike auch war, solange sie sich auf Paragrafen berufen konnte, so hilflos und verloren war sie, wenn es um Gefühle ging.

In all diesen Jahren – und immerhin waren es jetzt schon vier lange Jahre, die Quanita bei ihnen war – hatte Friederike es nie über ihr kleines, verknittertes Herz gebracht, Quanita ihre Gefühle zu gestehen! Wo und wann auch immer es möglich war, suchte sie auf hilflose Weise Berührungen.

Sie bot ihr an, bei ihnen zu wohnen.

Sie stellte sie fix an.

Sie finanzierte ihr Studium mit und kümmerte sich um die Aufenthaltserlaubnis.

Sie überhäufte sie mit Schokolade.

Friederike spürte, dass es ihren Untergang bedeuten würde, wenn Quanita sie verließe.

Einmal war sie auf dem Sofa mit dem Kopf auf Quanitas Schoß eingeschlafen. Als sie aufwachte, bemerkte sie, dass Quanita ebenfalls eingeschlafen war. Zögerlich beobachtete sie dieses schokoladenbraune Wunderwesen mit seiner prallen, straffen Haut. Alles an ihr war rund und weich. Friederike drehte sich vorsichtig, sodass sie ihr Gesicht in Quanitas Schoß legen konnte. Dann atmete sie ganz tief ein, in der Hoffnung, Quanitas intimsten Duft in sich aufzusaugen. Eine unglaubliche Hitze ging von dort aus. Wie gerne wäre sie zwischen Quanitas Schenkeln abgetaucht und für immer und ewig in ihr verschwunden. Sie stellte sich das fantastisch vor. Sie würde zunächst mit den Händen in Quanitas Scham greifen, sie sanft auseinanderdrücken und dann wie eine Schwimmerin zuerst mit dem Kopf in sie hineintauchen, um schließlich den Rest ihres Körpers in Quanitas Innerstes zu ziehen. Um dort zu bleiben. Ohne Wiederkehr. Sie würde sich ganz klein machen und in sie kuscheln. Es würde niemandem auffallen.

Die Zeit tickte. Friederike ahnte, dass ihr Sohn bald kein Kindermädchen mehr brauchen und Quanita sie verlassen würde.

Eines Nachts hatte sie die Idee zu einem perfiden Plan. Einen Plan, der Quanita einen Anlass gäbe zu bleiben, und Friederike zwingen würde, ihr ihre Liebe zu gestehen. Ihr Mann konnte sie daraufhin nur verlassen. Es schien perfekt. Auch wenn sie alles verlieren würde. Ihr Haus, ihr Geld, ihre Vertrauenswürdigkeit und ihre Klientinnen. Aber sie wären glücklich. Quanita und Friederike. Sie spürte doch, wie Quanita ihre Nähe suchte. Das bildete sie sich nicht nur ein.

Ihren Plan in die Tat umzusetzen, war nicht so leicht, wie sie geglaubt hatte. Aber schließlich wurde sie fündig. Und nach einigen Anläufen und diversen Ausreden, was ihre Termine betraf, eröffnete sie eines Morgens freudestrahlend der versammelten Familie, also ihrem Mann, ihrem Sohn und Quanita, dass sie schwanger sei. Alle drei starrten sie fassungslos an. Niemand schien sich zu freuen. Als sie betonte, dass das doch ganz wunderbar sei, weil dann Quanita gleich bleiben könne, und sie zwar kein zweites Kind geplant hatten, aber das Leben nun mal voller Überraschungen sei, stand ihr Mann wortlos auf und verließ die Küche.

Von diesem Tag an war nichts mehr wie all die Jahre zuvor. Ihr Mann schien ratlos und fahrig. Er reagierte gereizt und war ungehalten. Bald sollte sie erfahren, warum. Denn auch ihr Mann hatte heimlich Pläne geschmiedet. Allerdings gänzlich andere. Pläne, die Friederike nicht mit einschlossen. Im Gegenteil. Er hatte mit viel Aufwand im letzten Jahr direkt gegenüber von ihrem Haus ein weiteres Haus gebaut. Er hatte vor Friederike argumentiert, dass dieses Haus die beste Wertanlage sei, da er den Baugrund von seinen Eltern geerbt habe. Was er Friederike allerdings bis dato verschwiegen hatte, war, dass er das Haus für Quanita gebaut hatte, um dort mit ihr einzuziehen.

All das kam bei einem überaus heftigen und ungewöhnlich unsachlich geführten Streit zwischen den Eheleuten zutage. Sie wurden beide überraschend emotional. Friederike gestand ihrem Mann sogar ihre Gefühle für Quanita. Schließlich kamen sie zu dem Ergebnis, Quanita die Entscheidung zu überlassen, mit wem von ihnen sie leben wolle.

Quanita musste schallend lachen und entschied sich für das Haus.

Sie nahm dankend die Schlüssel in Empfang, packte ihre Koffer und ging bestens gelaunt die paar Schritte über die verkehrsberuhigte Wohnstraße in ihr neues Zuhause. Bevor sie eintrat, drehte sie sich noch einmal zu Friederike, ihrem Mann und deren Sohn um und winkte ihnen unbekümmert und fröhlich lachend zu. Die drei winkten stumm zurück.

Einige Monate später gebar Friederike ein gesundes Mädchen. Als ihr Mann das Kind zum ersten Mal sah, schien er nicht überrascht zu sein. Im Gegenteil, Friederike glaubte sogar, ein erleichtertes Lächeln auf seinen Lippen wahrzunehmen. Das Baby war ja auch süß anzusehen mit seiner schokoladefarbenen Haut und den glänzend schwarzen Haaren. Und einen Namen für die Kleine wussten sie auch schon. Darin waren sie sich einig.

# Gabriele – Todmüde

*„Ich würde sagen, dass Marokko einer Zimmerflucht gleicht,
deren Türen sich öffnen, wenn man durch sie hindurchgeht.
Jede Tür eröffnet einen anderen Ausblick: auf einen Raum,
ein Gesicht, eine Stimme, ein Geheimnis.“*
TAHAR BEN JELLOUN

Diesen Satz hatte Gabriele im Reiseführer entdeckt. Sie
hatte keinerlei Ahnung, wer dieser Tahar Ben Jelloun war,
aber das Zitat bewegte sie. Vier Jahrtausende in 11 Tagen
um 1120 Euro. Das waren nicht einmal 300 Euro pro Jahr-
tausend. Das erschien ihr günstig und sie buchte die Rund-
reise. In Wahrheit war ihr der Preis egal, genauso wie die

Gruppe. Ihren Mann hatte es immer in den Orient gezogen. Ihm zuliebe nahm sie das alles auf sich.

Es war bereits der achte Tag der Reise, und sie hatte noch kein Auge zugemacht. Hier war alles nur schlimmer als zu Hause. Gabriele fiel völlig erschöpft aufs Bett. Sie hatten jeden Tag in einem anderen Hotel übernachtet. Wenn sie wieder einmal nicht einschlafen konnte, vertrieb sie sich die Zeit mit Gedankenspielen. Sie versuchte, das Hotel, das Zimmer und die Orte, die sie besichtigt hatten, einander richtig zuzuordnen, was ihr selten auf Anhieb gelang und sie gleichzeitig faszinierte.

Man hatte sie im Bus durch die Wüste geschickt, auf Kamele gesetzt, in Casablanca und Rabat in Paläste ehemaliger Großwesire gebracht, durch Händler- und Handwerkergassen getrieben und ihnen freundliche Kupferschmiede, Gerber, Schneider, Ziselierer und Töpfer vorgestellt. Und mit jedem von ihnen hatten sie sich fotografieren lassen.

Das Hotel war sehr komfortabel, aber die Hitze erschlug sie. Sie lag auf dem Rücken und betrachtete den großen Ventilator an der Decke, dessen Rotorblätter die immergleichen Kreise zogen. Trotzdem konnte sie nicht schlafen. Sie war müde, erschöpft, die Füße und Knochen taten ihr weh und doch bekam sie kein Auge zu. Der Rücken schmerzte. Wie so oft. Das kam von ihrer schlechten, gebückten Haltung. Aber jetzt, mit 72 Jahren, was sollte sie daran noch ändern? Lächerlich. Und wozu? Für wen?

Ihr Mann hatte einmal das Leben mit einem Maßband verglichen: „Nimm 80 Zentimeter, mit Glück vielleicht 90. Wir sind beide 58. Also schneiden wir jetzt davon 58 Zentimeter ab." Er hielt ihr das Maßband hin, sie nahm eine Schere und schnitt den Teil ab, der bereits vergangen war. Es blieb gerade einmal ein Drittel übrig. Der Rest fiel zu Boden. „So", meinte er, „das ist das, was uns noch bleibt,

Liebste. Dieses kleine Stückchen Maßband. Wir sollten keine Zeit verlieren."

Sieben Zentimeter später war er tot.

Er war am ersten Tag seiner Pensionierung gestorben und mit ihm Gabrieles Sinn für Zeit und Leben. Seitdem litt sie unter schrecklichen Schlafstörungen. Als wäre es ihr noch nicht gestattet, ihm zu folgen, als wäre sie noch nicht müde genug für ihren eigenen Tod. Als wäre nur sein Sekundenzeiger hängen geblieben, aber nicht der ihre.

Als sie einander kennengelernt hatten, hatte er noch gestottert. Das liebte sie an ihm, weil seine Liebeserklärungen so wunderbar lange dauerten. Das Stottern ließ mit der Zeit nach, die Liebe nicht.

Gabriele stellte sich unter die Dusche. Das Wasser tat gut. Danach trocknete sie sich nur ganz leicht ab und ließ sich nackt aufs Bett fallen. Vielleicht doch einmal eine Schlaftablette probieren? Eigentlich nahm sie nie Tabletten, aber ihr Hausarzt hatte ihr eine kleine Notfallapotheke zusammengestellt, und das hier war ja fast so etwas wie ein Notfall. Seit Tagen war sie vollkommen übermüdet und morgen ging es weiter, mit dem Bus nach Fes, nach „Bab Boujeloud", nach „Bou Inania" und zum Grabmal von Moulay Idriss. Am Ende würde es dann wieder authentischen Kaffee oder einen frischen Pfefferminztee auf marokkanische Art und die üblichen Fotos geben.

Sie griff mit letzter Kraft nach der Tablettenpackung, schluckte eine und spürte gar nichts. Genau wie zuvor lag sie dröge auf dem Bett und folgte mit den Augen dem stoischen Deckenventilator. Nach einer Weile fühlte sie sich seltsam betäubt, wie in Butterbrotpapier eingewickelt. Wie das Jausenbrot, das sie früher immer mit in die Schule genommen und in der großen Pause ausgepackt hatte. Sie hatte damals gerne freiwillig die Pausenaufsicht übernommen, um dem dummen Geschwätz der Kollegen zu entgehen. Irgendwie fühlte sie sich zu den Schülern mehr hingezogen als zu den Lehrern, vielleicht, weil sie sich genauso unfertig und unausgegoren fühlte wie sie. Einem der Schüler hatte sie einmal eine Schallplatte geliehen, „Abendland". Witzig, dachte sie, wieso muss ich gerade jetzt dran denken, wo ich im Morgenland liege?

Damals, als sie ihn kennengelernt hatte, sehnte sie sich oft danach, dass ihr Herz wie eine mechanische Uhr funktionierte, die ganz nach Belieben einfach stehen bleiben konnte, um der Zeit ein Schnippchen zu schlagen. Als könnten sie beide innehalten, während alle anderen weitergingen. Weil sie nichts anderes brauchte als diesen einen langen Lebensmoment.

Sie wusste natürlich allzu gut, dass das nur ein Gefühl war, ein inwendig warmes. Und ein vergeblicher Wunsch. Einzigartige Momente müssen vergänglich sein.

Wie gerne wäre sie damals, als sie das Maßband durchschnitten hatte, stehen geblieben. In der Zeit. Für immer. Mit 58. Das wäre für beide das wahre Paradies gewesen.

Für immer zwischen ihren Sekundenzeigern verweilen.

Alles verschwamm um sie herum, als würde sie untertauchen, abtauchen und wegtauchen. Ein allerletzter Bewusstseinsteil rief ihr noch nach: „Na also, sie funktionieren ja doch!" Dann war sie weg und schlief wie ein Stein in der marokkanischen Wüste. Und genau davon träumte sie jetzt. Von der Wüste. Sie träumte, dass sie durch die Wüste schwamm. Der Sand fühlte sich leicht und geschmeidig wie Wasser an. Sie kraulte durch den Sand, tauchte unter, holte wieder Luft und tauchte abermals unter. Die Dünen waren Wellen. Aber dann änderte sich die Farbe des Sandes. Er wurde erst grau, dann schwarz wie Asche. Ja, sie schwamm wie durch Asche. Wie durch ein riesiges Aschemeer. So fühlte sich das an. Da erst bemerkte sie, dass sie winzig klein war und dass das, was sie für eine Wüste hielt, eigentlich die Urne ihres Mannes war, die auf dem Nachtkästchen im Hotel stand, und dass sie darin kraulte, bis sie an den Rand der Urne stieß. Sie hielt sich daran fest wie eine erschöpfte Badenixe am Beckenrand eines Schwimmbads.

Dann erwachte sie, seltsam betäubt, wie betrunken, und nahm alles wie durch einen Tablettenschleier wahr. Alles um sie herum war finster. Sie hatte wohl einige Stunden geschlafen. Gabriele blickte zu dem großen blauen Cremetiegel auf dem Nachtkästchen. Sie hatte zu Hause einfach den größten Tiegel gekauft, den sie bekommen konnte. 500 ml. Dann hatte sie ihn mit der Hand ausgehöhlt und anschließend gereinigt. Danach hatte sie so viel wie möglich von der Asche ihres Mannes hineingeschüttet. Ganz vorsichtig. Auf der elegant aussehenden Dose hatte sie zur perfekten Tarnung die Beschriftung stehen gelassen. „Jetzt mit neuer Rezeptur" stand da zu lesen und „Pure Leichtigkeit mit luftigem Body Soufflé und seidig-zarter, fluffiger Textur". Darüber hätte er sicher gut lachen können. Sie hatte sogar die lange und beschwerliche Busreise von Deutschland bis zur Fähre in Kauf genommen, um den Flughafenkontrollen zu entgehen. Sie brachte es nicht fertig, von ihm getrennt zu sein. Sie nahm ihn, genau wie zu Hause, überallhin mit. Schließlich unternahm sie die Reise ja für ihn. Dabei wäre die ganze Tarnung gar nicht notwendig gewesen. Keiner der Mitreisenden nahm Notiz von ihr. Sie wiederum vermied jeglichen Kontakt und sonderte sich ab. Und für die junge, schnippische Reiseführerin waren sie sowieso alle nur inkontinentes Stückgut, das von A nach B gekarrt werden musste. Da wurde beim Einsteigen in den Bus mit dem Finger auf jeden gezeigt und durchgezählt, als wären sie eine Herde halb toter Idioten. Und wenn die Zahl stimmte, dann fuhr man los.

Benommen stand sie auf und griff wie selbstverständlich nach dem Tiegel. Sie musste auf die Toilette. Betäubt ging sie zur Türe, öffnete sie und schloss sie wieder hinter sich. Als sie im schwachen Licht vorsichtig nach dem Klosett suchte, fasste ihre Hand ins Leere. Irritiert blickte sie sich um. Sie suchte nach dem Türgriff, aber die Türe war verschlossen. Langsam begriff Gabriele, was geschehen war. Sie hatte die Badezimmertüre mit der Zimmertüre verwechselt. Die Übermüdung, die Schlaftablette und die ständigen Hotelwechsel hatten sie völlig durcheinandergebracht. Gleichzeitig bewirkte die Tablette, dass sie ruhig blieb und nicht in Panik geriet. Sie musste fast lachen. Sie stand mit ihren 72 Jahren mitten in der Nacht nackt in einem Hotel in Marokko, einen Kosmetiktiegel mit der Asche ihres Mannes im Arm. Die Situation erschien ihr so absurd und abwegig, dass sie zunächst gar nichts tat. Sie stand einfach nur da, vielleicht in der Hoffnung, dass das Schicksal ein Einsehen haben und ihr eine diskrete Hotelmitarbeiterin schicken würde, die sie in ihr Zimmer ließ. Aber es kam niemand. Kein Mensch.

Als sie begriff, dass es an ihr war, ihr Schicksal in die Hand zu nehmen, ging sie vorsichtig den Gang entlang. Am Ende des Flurs bemerkte sie eine Türe, die sich von den anderen unterschied. Sie drehte vorsichtig am Griff, sie ließ sich öffnen. Dahinter entdeckte sie einen kleinen Abstellraum. Hier wurden Handtücher, Miniseifen und dergleichen vom Zimmerpersonal zwischengelagert. Sie überlegte, ob sie sich ein Handtuch umbinden sollte, aber dann entdeckte sie am Türhaken einen von diesen Kaftans, wie sie überall in den Souks von Marrakesch angeboten werden. Erleichtert schlüpfte sie hinein. Jetzt musste sie nur noch hinunter zur Rezeption gehen und jemanden bitten, ihr die Türe aufzusperren. Und dann wäre alles vergessen.

Das Haus wirkte wie ausgestorben. So ein großes Hotel musste doch einen Nachtportier haben. Aber niemand war da. Vielleicht war das ja alles nur ein Traum. Gedankenverloren lehnte sie an der Rezeption und blickte hinaus auf den Vorplatz. Die Sonne war gerade dabei aufzugehen. Als würde sie gar nicht anders können, zog es Gabriele hinaus. Bei sich dachte sie, ach was, ich kann ja eine kleine Runde gehen, und bis ich zurückkomme, ist vielleicht auch der Portier wieder da und öffnet mir meine Zimmertüre, ich kann endlich auf die Toilette gehen und mich später ganz wunderbar über mein kleines Missgeschick amüsieren.

Also trat Gabriele zur Türe hinaus und atmete erst einmal tief durch. Die Sonne wärmte ihre Haut. Vogelgezwitscher umwarb sie. Dann ging sie los, durch die engen Gassen, durch die noch schlummernde Stadt. Niemand nahm sonderlich Notiz von ihr. Die Bazare erwachten gerade erst wieder zum Leben, jemand reichte ihr eine Frucht und sie nahm sie dankend an. Gabriele spazierte weiter und weiter. Sie hatte ganz vergessen, dass sie barfuß war. Ihr Arzt hatte ihr immer davon abgeraten, wegen ihrem Rücken. Ohne es zu bemerken, war sie am Rand der Stadt angelangt. Ein Busbahnhof voller Menschen mit großen Taschen, reges Treiben, Stimmengewirr und Geschäftigkeit. Sie und ihr Mann mittendrin. Niemand schaute ihr überrascht nach, keiner hier hielt sie für verrückt oder verwirrt oder dergleichen.

Im Gegenteil!

Einen Moment lang überlegte sie, umzukehren, ins Hotel zurückzugehen. Die anderen saßen sicher bereits beim Frühstück. Irgendjemand würde fragen, wo sie wohl sei. Ob ihr vielleicht etwas zugestoßen war, oder ob die Schlaflose vielleicht im Schlaf verstorben war. Sie hörte regelrecht das einfältige Gelächter der anderen.

Hier fühlte sich alles so einfach an, so befreiend. Sie konnte ja noch ein kleines bisschen bleiben oder vielleicht noch ein Stück gehen und dann vielleicht irgendjemanden um Hilfe bitten. Sie musste an die Worte denken, die sie im Reiseführer gelesen hatte, dass Marokko einer Zimmerflucht glich, deren Türen sich öffnen, wenn man durch sie hindurchgeht. Und schon schritt sie durch das mächtige Stadttor und folgte der Stadtmauer in Richtung Ourika. Sie konnte sich nicht erinnern, sich seit dem Tod ihres Mannes jemals so leicht gefühlt zu haben wie jetzt. Ihr fiel dieser Film ein, den sie so sehr mochte. Der Film, in dem eine Familie die Mutter an der Raststätte vergaß. Die Frau war zunächst tief enttäuscht, aber schließlich wurde es für sie die Chance, ein neues Leben zu beginnen.

Gabriele ging einfach weiter. Eine freundliche, ältere Frau versorgte sie auf ihrem Weg mit Wasser und Obst und teilte Brot mit ihr. Auf einmal war sie eine von ihnen und keine Touristin mehr.

Ein Bus blieb stehen und las sie auf. Na gut, dachte sie sich. Dann soll das wohl so sein. Irgendwann bog er nach einer Tankstelle rechts ab und fuhr eine unbefestigte Straße entlang. Vor ihren Augen baute sich die schneebedeckte Kette des Hohen Atlas auf, als würde sie sie vor Unbill beschützen wollen.

Der Bus parkte und die Menschen stiegen aus. Gabriele folgte ihnen. Sie stand vor dem Eingang eines riesigen, unwirklichen Gartens. Auf einer Wand stand in bunten Lettern: „Le Retour du Paradis".

Verzaubert und verwirrt betrat sie den Garten. Sofort umfing sie paradiesische Ruhe. Ein meterhoher Mosaik-Kopf begrüßte sie voller Güte und schenkte ihr mit seinem feuchten Atem Regenbögen. Hinter jeder Biegung erwartete sie Neues. Uralte Kakteen, meterhohe Palmen, fantastische Skulpturen, eine Arche mit allerhand Fantasiewesen oder ein Meer an Rosen verzauberten Gabrieles Gemüt. In der Mitte des Areals entdeckte sie auf einem kleinen Hügel ein Berberzelt. Sie hatte das Gefühl, die Zeit wolle hier nicht verfliegen, sondern stillstehen. Wie aus Trotz. Es überfiel sie eine unfassbare Müdigkeit. Eine Müdigkeit, wie Gabriele sie seit diesem großen Verlust nicht mehr gekannt hatte.

Sie legte sich todmüde in den Schatten, die Asche ihres Mannes im Arm.

Sie hörte ihr Herz ticken.

Dann schlief sie ein.

# Hanna – Die Siedlung der verlassenen Frauen

## *(Tragische Trilogie, Teil I)*

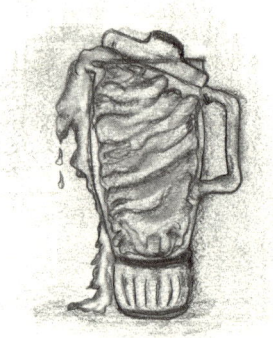

Wenn der Schmerz erst einmal da ist, dann ist es schwer, sich an das Schöne zu erinnern. Der Schmerz verdrängt die Erinnerungen. Sie musste sich regelrecht dazu zwingen, sich daran zu erinnern, wie schön es mit ihm gewesen war, zu Beginn. Ihre wütenden Tränen vermischten sich mit Tränen des Glücks und Tränen der Ohnmacht. Es kam ihr vor, als wäre ihr Herz eine große Saftpresse, die mit Demütigungen, Lügen und Ängsten so angefüllt war, dass sie den ganzen verfaulten Lebenssaft zu ihren Augen hinauspressen würde, wie bei ihrem Mixer, bei dem der Saft durch den Deckel quoll, wenn sie zu viel hineingegeben und es wieder einmal nicht bemerkt hatte, während sie davorstand und verloren zum Fenster hinausstarrte.

„Die Siedlung der verlassenen Frauen …" – so hatte Friederike, eine ihrer Nachbarinnen, in schaumweinbetäubter Runde einmal treffend ausgespuckt, was alle dachten. Wenn Hanna verloren aus dem Fenster sah, dann bildete sie sich manchmal ein, all die anderen trostlosen

Frauen dabei zu beobachten, wie sie es ihr gleichtaten. Sie trugen über ihren unberührten Knochen die gleichen samtenen Hausanzüge, die ihnen Wärme und Geborgenheit versprachen. Sie posierten täglich in sinnentleerten Küchen, die traumatisierte Scheidungsanwältinnen den geflüchteten Ehemännern in großen, unerbittlichen Trennungskriegen abgerungen hatten. Irgendetwas war schiefgelaufen, evolutionstechnisch. Es schien, als wäre an diesem Ort die Zeit stehen geblieben. In den Augen ihrer gelähmten Freundinnen hatte der entschwundene Mann noch immer die Aufgabe des Jägers zu erfüllen, während sie weiterhin unbekümmert Glücksgüter sammelten, die sie wie unnütze Schätze in ihren Luxushöhlen bunkerten. Dazwischen starrten sie wie Kaninchen angsterfüllt aus ihren Fenstern hinaus auf das echte Leben echter Frauen.

Hanna musste daran denken, dass er einmal in seiner Wut geschrien hatte, dass ihm das Sperma bereits bei den Augen hinauskäme, so lange hätten sie schon keinen Sex mehr gehabt. Da war ihm regelrecht der Kragen geplatzt. Sie stellte sich vor, wie das wohl ausgesehen hätte. In echt. Das tat sie gern. Sich Dinge vorstellen. Wie ihm das dickflüssige Sperma aus den Augen geronnen wäre. Es hatte die gleiche Konsistenz wie der Saft, den sie sich gerade zubereitete. Witzig, dachte sie für sich. Und wie ihm dann plötzlich der Kragen platzen würde. Wie ein Staudamm, der unter dem Druck ungeheurer Wassermassen zerbarst. Sie malte sich aus, wie der oberste Knopf an seinem angespannten Hemdkragen mit einem winzigen, beinahe harmlosen Geräusch aus seiner Verankerung herausploppte und seine von Sperma überfüllten Augen sie dabei panisch anstarrten. Dann ein brodelndes, drohendes, dumpfes Geräusch, das von ganz unten in seinen Hoden kam, immer mehr anstieg und lauter wurde. Dann plötzlich, mit einem gewaltigen Kracher, platzte ihm der

Kragen, ja der gesamte Hals riss auf und es ergoss sich eine unfassbare Menge Sperma über sie.

Erst jetzt begriff sie, dass sie den Deckel vom Mixer abgenommen hatte, ohne ihn auszuschalten, ohne es zu bemerken, einfach so. In Gedanken versunken. Den Saft hatte es nicht nur in ihr Gesicht und auf ihr Kleid gespritzt, er hatte sich auch über die ganze Küche verteilt.

Solche Dinge passierten ihr in letzter Zeit öfter. Dass sie sich in Gedanken verlor, während ihr Körper einfach weitermachte. So, als wäre nichts geschehen. Dann hatte sie das Gefühl, ihre Gedanken hinkten dem Organisationsapparat hinterher. Ihr Körper funktionierte, aber ihr Hirn hatte Aussetzer, Störungen oder einen Kurzschluss.

Viele seltsame Gedanken hatte sie in letzter Zeit. Vielleicht sollte sie doch einmal ihren Arzt aufsuchen. Aber was sollte sie ihm erzählen? Dass sich in ihren Fantasien das Sperma ihres Exmannes literweise über sie ergoss? Unmöglich.

Im ersten Jahr nach der Trennung hatte sie ihm jeden Abend vor dem Schlafengehen einen Schlüssel unter den Stein gelegt. Vielleicht sah er ja doch seine Fehler ein und wollte zurück zu ihr.

Manchmal fuhr sie in der Nacht zu seinem neuen Haus. Wenn sein Auto in der Einfahrt stand, blieb sie stehen. Sie wusste, er hatte abends, wenn er mit dem Auto heimkam, die absurde Angewohnheit, hundert Meter vorher die Scheinwerfer abzudrehen und in den Leerlauf zu schalten. Dann rollte er mit Schwung und Tempo um die Kurve direkt in seine Einfahrt. Er hatte das in einem Buch von John Irving gelesen. Dort krachte der Protagonist mit seinem unbeleuchteten Auto in einen Wagen, der direkt vor seiner Haustüre geparkt war und in dem seine Frau gerade mit einem anderen Mann Oralsex hatte. Beim Aufprall biss sie ihrem Liebhaber den Penis ab. Obskur fand Hanna das. Aber ihrem Exmann gefielen solche Geschichten.

Schon damals, als sie noch zusammenlebten, in dem Haus, in dem sie jetzt allein war, hatte er das getan. Auch hier war die Straße abschüssig. Vielleicht suchte er sich ja seine Wohnhäuser unter solchen Kriterien aus. Hanna wusste es nicht. Sie wusste nur, dass sie es gehasst hatte. Dass sie es gehasst hatte, neben ihm zu sitzen, wenn er das tat. Wenn Ylvi, ihre gemeinsame Tochter, von hinten schon ein paar Straßen vorher voller Begeisterung schrie: „Papa, Scheinwerfer aus!" Dann fiel ihr jedes Mal das Herz in den Schoß. Und gleichzeitig liebte sie es. Aber das hätte sie nie zugegeben. Sie liebte diesen Moment der Angst, der Ungewissheit, der sie ausgeliefert war. Dann spürte sie das Leben. Ganz fest. Und direkt. Das waren die Momente, in denen sie ihn hasste und gleichzeitig begehrte. Dann spürte sie Hitze in ihrem Schoß. Und sie verstand nicht, warum. Und sie hätte es niemals, niemals zugegeben. Für kein Geld dieser Welt.

Aber das war nun vorbei. Auf seinem Beifahrersitz saß eine neue Frau und die beiden rollten blind in eine neue Einfahrt.

Sie verbrachte viele Stunden vor seinem Haus im Auto, in der Hoffnung, dass oben im Schlafzimmer das Licht anginge, er und die andere miteinander stritten und er wenige Minuten später mit ein paar hastig gepackten Sachen zur Türe herausstürmen würde.

Genau dann würde sie dastehen und ihn erwarten. Sie würde in aller Seelenruhe, mit einem mitfühlenden Lächeln auf den Lippen, die Beifahrertüre öffnen. Die Innenraumbeleuchtung würde sich automatisch einschalten und ihr sein dankbares Lächeln zeigen, wenn er einstiege. Und dann würde er mit gebrochener Stimme sagen: „Kannst du mich bitte heimfahren, Schatz?" Und sie würde antworten: „Nein!"

Sie würde nicht einfach den Wagen starten, ihn heimfahren und ihm diese einfältige Kuh, den Schmerz, die Lügen, die Kränkungen und all das Gerede verzeihen. Nein, das würde sie nicht. Sie würde ihn betteln lassen. Sie würde ihm all seine Lügen an den Kopf werfen wie die bunten Bauklötze ihrer Tochter, bis er blutete. Und dann würde sie darauf bestehen, dass er begreifen müsste, dass alles allein seine Schuld war. Seine Schuld. Seine Schuld, seine große Schuld. Dann würde sie seine Sünden hinwegnehmen und ihn wieder nach Hause fahren und ihm verzeihen. Vielleicht. Ja, das würde sie. Vielleicht.

Aber er kam nicht aus dem Haus. Und das Licht im Schlafzimmer ging auch nicht an. Und er sah auch nicht ein, dass er allein an allem schuld war. Es passierte schlichtweg nichts.

Jeden Ersten im Monat kam er zu ihr und setzte sich an den Küchentisch, der einmal ihr gemeinsamer Küchentisch gewesen war. An dem sie so oft gemeinsam gegessen hatten. Ja, einmal hatten sie sogar Sex auf diesem Tisch gehabt. Genau dort, wo er jetzt saß und das Geld abzählte. Ja, er zählte das Geld jedes Mal vor ihr ab. Jeden Schein einzeln, damit sie sich schuldig fühlte, weil sie ihm so viel abrang. Aber das ertrug sie. Wie so vieles andere auch. Sie war das Opfer. Daran gab es nichts zu rütteln. Und wenn sie rüttelte, dann fiel eben Geld vom Watschenbaum. Nein, nicht nur Münzen. Auch Scheine, die sanft heruntersegelten. Die taten auch nicht weh.

Jeden Ersten des Monats fühlte sie sich wie in dieser Fernsehsendung, „Moneymaker", da gab es diesen Moderator im grünen Anzug mit der Windmaschine und die Kandidaten stellten sich in das Ding, das aussah wie eine runde Telefonzelle aus Glas, hielten die Arme auf, das riesige Gebläse trieb die losgelassenen Geldscheine an die Decke der Glaskabine, und die Leute warteten nur darauf, dass der Mann im grünen Glitzeranzug das Gebläse ausschaltete und sie das Geld auffangen konnten, das vom Himmel fiel. So kam sie sich vor. Jeden Monat. Wenn der Moneymaker das Geld brachte und glaubte, sie damit demütigen zu können. Sie stellte sich dann einfach vor, dass er auch so einen peinlich grünen, schlecht geschnittenen Glitzeranzug trug. Er, dem es doch so wichtig war, cool zu sein, lässig in seinem rot-schwarz karierten Holzfäller-Hemd und mit diesem albernen Hipsterbart, der ihn mindestens 20 Jahre älter erschienen ließ.

Merkte er denn nicht, dass sie sich extra für ihn geschminkt und frisiert und neu eingekleidet hatte. Sie wollte ihm gefallen. Aber er dachte sich wohl nur, dass er dieses teure Kleid und den Friseur und die Schminke mit seinen monatlichen Scheinen bezahlt hatte, die nicht von irgendwelchen Bäumen fielen, wie sie glaubte, sondern hart verdient waren. Ach, wie gerne wäre sie zu stolz gewesen, um sein Geld anzunehmen. Wie gerne hätte sie es ihm vor seine Maßschuhe geworfen. Aber zum Stolzsein fehlte ihr der Mut, zum Stolzsein war sie zu feige, zum Stolzsein hätte sie ihn ja nicht mehr gebraucht, und sie brauchte ihn, wenn nicht anders, dann wenigstens so. Ihr fehlte schlichtweg der Mut zu einem ledigen Leben.

Sie überlegte, dass sie oft in langen Schachtelsätzen dachte und sich darin verirrte wie in Labyrinthen, aus denen sie nicht mehr herausfand. Sie verzettelte sich leicht, stolperte über Punkte und Beistriche wie über Wurzeln und hastete weiter durch ihre Gedankenwälder, als wäre das alles nur ein böses Märchen und er der vor dem nervenden Rotkäppchen flüchtende Wolf.

Wenn er sich zu ihr drehte, am Abend, dann verschaffte sie ihm Erleichterung. Nahm ihm die Schwere. Es war nicht so, dass ihr Sex nichts bedeutete. Ihr war Sex nur nicht so wichtig wie ihm. Der Weg zum Sex führte für sie durch einen blühenden Garten. Sie wollte am Tag zärtlich umhegt, behutsam umsorgt und in Liebe getränkt werden, um am Abend wie eine wunderbar duftende Blume gepflückt zu werden.

*Licht aus. Stumme Verständigung. Sich von den Schlafanzughosen befreien. Kurz unter die Decke tauchen. Erst er. Dann sie. Mit dem Mund. Nicht lange. Sie nimmt ihn nicht gern in den Mund. Er legt sich auf sie. Taucht ein. Die Münder weichen einander aus wie zwei Autos auf einer engen Straße. Umdrehen. Von hinten. Nie in den Po. Sie kommt. Kurzes Aufstöhnen. Jetzt ist er dran. Sie verhütet nicht. Sie macht es mit der Hand. So wie sonst auch. Wenn sie ihn erleichtert. Sie greift nach den Feuchttüchern. Wischt den Sex weg. Auf dem Rücken liegen. Beide. An die Decke starren. Stille.*

*Zwei Ratlose, die ihre Liebe zu Tode schweigen.*

Komisch. Wenn sie daran denkt, dann denkt sie nicht in Schachtelsätzen. Dann denkt sie kurz und bündig und *kursiv.*

Er ist weg. Eines Tages. Kurz und bündig. Er räumt gewissenhaft den Geschirrspüler ein, gibt den Reinigungs-Tab ins Fach, programmiert die Maschine, schaltet sie ein und starrt eine Weile auf das Display. Er geht zur Türe und sagt, dass er nun geht. Einfach so. Sie fragt ihn, wann er wiederkommt. Sie blickt auf die Uhr. Es ist 18 Uhr 11. Daran erinnert sie sich genau. Er antwortet, dass er nicht mehr zurückkommt. Sie versteht seine Worte nicht. Sie muss lachen und meint, dass das so klingt wie bei den Männern, die kurz mal Zigaretten holen und dann nie mehr zurückkommen. „Ja", meint er, „so ist das auch. Nur, dass ich nicht rauche und es kein Scherz ist." Sie betrachtet ihn irritiert und fragt ihn, fast spöttisch, wohin er denn gehen will. So mit nichts in der Hand. „In ein lebendiges Leben", antwortet er trocken. Es reicht ihm. Einfach so. Jetzt. Er hat oft genug den Geschirrspüler auf die gleiche Art und Weise eingeräumt. Er hat oft genug das Gleiche eingekauft, das

Gleiche gegessen und die gleichen Gedanken geschwiegen, während sie gedankenlos mit dem Gegenüber geredet hat, das sie für ihren Mann hielt. „Alles ist besser als das hier", sagt er. Sie schreit. Sie heult. Sie lacht ihn aus. Sie stellt sich ihm in den Weg. Er rührt sich nicht. Sie begreift, dass es ihm ernst ist. Dann ist er zur Türe hinaus.

Sie liegt allein in dem großen Bett und weint und sehnt sich nach all dem, nach dem er sich auch immer gesehnt hatte. Nach dem, was er nicht ausgesprochen hatte, in der lauten Stille.

Vielleicht ist er ihr ja nur zuvorgekommen. Aber nein, sie wäre nie gegangen. Nie. Denn dann wäre es ja ihre Schuld gewesen. Und sie ist keine, die aufgibt. Nicht so wie er. Sie ist nur eine, die das graue Schweigen gern mit bunten Worten bedeckt. Das kann sie gut. Die Wahrheit in seidig weiche Tücher hüllen. Oder in Plüsch. Wie diese Frau aus dem Fernsehen. Diese Olga Soundso.

Jetzt, in den stillen Momenten, gesteht sie sich das manchmal ein. In letzter Zeit ist es oft still geworden um sie, weil keiner mehr da ist, den sie in ihre wohlig warmen Wortdecken hüllen kann. Es war doch alles so gut. So gut. Warum hat das keiner begriffen? Warum erfährt sie nur Undank?

Sie denkt an seine Worte und versteht sie noch immer nicht. Sie hallen nach. Aber der Hall ist unverständlich, verzerrt wie bei einem überdrehten Lautsprecher. Dann kommt es ihr wieder so vor, als hätte er zum Schluss eine andere Sprache gesprochen. Als hätte er im Laufe der Jahre heimlich seine Nationalität, seine Identität, sein Denken und seine Ziele gewechselt. Ohne ihr etwas davon zu sagen. Er hat sich an ihr vorbeinavigiert. Er hat sie nicht eingeweiht und ist einfach ein anderer geworden. Nicht der, dem sie damals ihre ewige Liebe geschworen hatte. Er ist heimlich vom Sofa gerutscht wie dieser grüne Plastikschleim, mit dem ihre Tochter eine Zeit lang gespielt hat, um schließlich durch den Abfluss zu entschwinden. Das sieht sie regelrecht vor sich. Immer, wenn der Geschirrspüler läuft, muss sie daran denken, wie er sich feige aus ihrer beider Leben gestohlen hat. Sie wäscht jetzt das Geschirr oft mit der Hand ab.

Damals, als er noch im Haus war, dachte sie manchmal, er wäre in den einsamen Nächten, wenn sie bereits schlief, hinunter in den Keller geschlichen, um sich dort ein neues Leben zu basteln. Wie dieser verschrobene, weißhaarige Techniker in „Zurück in die Zukunft". Nur war er selbst dieses futuristische Auto. Er entschlackte seine Seele, riss wahllos Kabel heraus, programmierte seinen Charakter um, pflanzte sich ein jüngeres Herz ein, um sich auf seine geheime Expedition vorzubereiten. Unten im Keller, nur zwei Stockwerke unter ihr, bereitete der Mensch, den sie liebte, heimlich seinen Ausstieg vor. Ihr schien es, als hätte er in dem Moment, in dem er die Zeitschaltung an der Spülmaschine programmierte, gewusst, dass er damit seinen eigenen Countdown aktiviert hatte. Wie diese Geheimagenten, die man auch Schläfer nennt. Wie lächerlich. Sie erinnerte sich. Er starrte, nachdem er auf den Knopf gedrückt hatte, eine kleine Ewigkeit auf das Display. Zwei Stunden und dreißig Minuten. Eco-Waschgang. Er starrte darauf, als wüsste er, dass er noch genau zwei Stunden und dreißig Minuten hatte, um das Haus zu verlassen. Sonst würde sein Herz explodieren.

Heimlich ein neues Leben beginnen. So sind die Männer. Feige. Dafür müssen sie eben ihren Preis zahlen, wenn sie sich so verlogen, so gut vorbereitet, so perfekt durchgeplant aus ihrem alten Leben stehlen wollen. Dafür gibt es Gesetze, Regeln und Treueschwüre. Bis dass der Tod euch scheidet. Und wenn euch nicht der Tod scheidet, dann der Richter. Und alles Irdische hat nun mal seinen Preis, Mister Moneymaker. Wie viele Männer wohl ihre Frauen verließen, wenn es diese Regeln nicht gäbe. Dann liefen wohl alle davon. Dann liefen alle zu anderen. Und alle anderen liefen auch zu anderen. Alle liefen irgendwohin. Dabei kann doch keiner vor sich selber weglaufen. Oder doch!? Die Ehe ist doch auch eine Expedition! Oder ist er nur vor ihr weggelaufen?

Einmal, ein einziges Mal war in ihr für eine Hundertstelsekunde Hoffnung auf ein neues Leben aufgekeimt. Im Supermarkt. In der Gemüseabteilung. So absurd das auch klingen mochte. Da trafen sich ihr Blick und der eines Unbekannten wie zufällig. Für einen kurzen Moment sah sie ihrer beider Leben vor ihren Augen vorüberziehen. Sie sah, wie sich ihre unterkühlten Herzen mit Wärme füllten und er zu ihr in ihr liebesleeres Haus zog. Sein Aftershave roch nach Wiedergutmachung. Sie sog es dankbar auf wie eine Schiffbrüchige. Nach einiger Zeit wurde der lebensfrohe Mann schwer krank, seine Knochen wurden brüchiger, er verlor an Gewicht und schließlich konnte er sich nur noch mit Hannas Hilfe oder im Rollstuhl fortbewegen. Er war vollends auf sie angewiesen. Tagtäglich bedankte er sich mit Tränen des Glücks in den Augen bei seiner Lebensretterin. Ohne sie schien er verloren. Von Tränen beseelt, griff sie nach seiner geschwächten Hand und flüsterte: „Du läufst mir wenigstens nicht davon!" Dann fielen ihr die Kartoffeln auf den ignoranten Fliesenboden. Der Traum war ihr entglitten. Der ahnungslose Lebensretter gab einen Sack Biokarotten in seinen Einkaufswagen und ging weiter. Sie sah ihn nur ein einziges Mal wieder. An der Kassa. Sie hätte viel dafür gegeben, zu erfahren, welchen Sekundentraum er wohl gehabt hatte. Er lächelte sie noch einmal an. Dann war er weg.

Hanna bedauerte noch wochenlang, ihn nicht angesprochen zu haben. Zu Hause, wenn sie allein war, schimpfte sie oft lauthals mit sich selbst und ihrem Unvermögen. Dann kam es auch vor, dass sie sich zur Strafe auf die Wange oder die Hände schlug. Aber die Zeit war gnädig mit ihr und ließ die Erinnerungen verblassen. Auch wenn sie es sich seither zur hoffnungsvollen Aufgabe gemacht hatte, immer zur gleichen Zeit Gemüse einzukaufen.

Die andere, die Neue, hatte ihr Ex, wie man sich erzählte, über eine dieser Dating-Apps in sein Leben „gematcht", während er seine Frau einfach weggewischt hatte wie einen Haufen abgestandenen Schmutz, wie einen Sack Kartoffeln, der zu Boden gegangen und zerrissen war.

Sie weiß keine Antworten. Auch jetzt nicht, als sie wieder einmal in ihrem Auto vor seinem Haus steht, in der Nacht, und ihm eine letzte Chance geben will.

Sie ist wohl zu sehr in Gedanken und Fantasien vertieft, sonst wäre sie vielleicht aufmerksamer gewesen. Die Einfahrt ist leer. Gerade als sie sich vorstellt, mit ihm hier im Auto Liebe zu machen und ihm all das zu schenken, wonach er sich sehnt, sieht sie die beiden kommen. Aus dem Augenwinkel. Das blinde Auto kracht mit voller Wucht in ihre Fahrertüre. Sie glaubt am Himmel so etwas wie grünen Glitzerstaub wahrzunehmen, wie einen Engel, der ihr in den Schoß fällt. Als sie ihr Bewusstsein verliert, denkt sie: „Seine Schuld. Seine Schuld. Seine große Schuld ..."

# Ina Schmitz – Bis zum Refrain

Als er ihren Hintern zum ersten Mal sah, hätte er seinen rechten Arm dafür gegeben, ihren nackten Po nur ein einziges Mal zu berühren. Er war 15 und, wie auch heute noch mit 48, Linkshänder. Ihm erschien die rechte Hand in Anbetracht von Ina Schmitz' Hintern ein realistisches Pfand für die Verwirklichung seiner sexuellen Entdeckungsreisen.

Er ahnte wohl bereits damals schon, dass er seine linke Hand noch oft würde brauchen müssen, im Gegensatz zu Ina Schmitz' Hinterteil.

Er „ging" damals mit einer herzensguten, etwas flachbrüstigen Blondine, deren Namen er im Gegensatz zu ihrem guten Charakter vergessen hatte.

Tja, so ist das wohl unterm hormontriefenden Pubertätshimmel. Ein schöner Hintern wiegt mehr als tausend gute Taten. Die herzensgute Blondine, sie hieß Sabine oder Iris, wollte Kinderkrankenschwester werden. Eine Berufswahl, die im Sozial-Ranking gleich nach Altenpflegerin, Missionarin oder Mutter Teresa kommt. Er konnte sie nur verlassen!

Er war, wie bereits erwähnt, charakterlose fünfzehn, und Ina Schmitz' Hintern, Lippen und Busen waren in seinem persönlichen Hormon-Ranking von Mutter Teresa nicht zu übertreffen.

Und noch etwas sollte nicht unerwähnt bleiben: Er war Jungfrau. Mit anderen oder, besser gesagt, direkten Worten: Er war unschuldig. Er war nicht Herr seiner Sinne. Er sah nur noch diesen Hintern, diese Lippen, diese im Sperrgebiet einer Trevira-Bluse wie in Zeitlupe wippenden Brüste. Er wollte diesen unbekannten Kontinent um jeden Preis erobern. Und sollte es auch seine rechte Hand oder zumindest die überaus sittsame Beziehung zur heiligen Sabine oder Iris kosten.

Er war bereit, ihr Herz auf dem Altar der prallen Hoden zu brechen. Der einzige Gott, an den er damals glaubte, pochte leider noch sündenfrei in seiner Cordhose.

Nein, noch besser, es war der Geist in der Flasche, der unbedingt hinauswollte. Ein einfältiges Wortspiel, das war ihm klar. Aber wer jemals die Serie „Bezaubernde Jeannie" gesehen hatte, wusste, wovon er sprach.

Und wer sich auch noch daran erinnert, dass aus dem tollpatschigen Astronauten Tony Nelson, der sich immer so liebevoll um Jeannie gekümmert hat, eines Tages der dreckig grinsende und hinterfotzige J. R. Ewing geworden ist, der verzeiht ihm vielleicht seine banalen Vergleiche.

Sabine-Iris war Jeannie, aber Ina war Joan Collins, auch wenn diese eigentlich in „Dynasty" bzw. „Denver Clan" und nicht in „Dallas" mitspielte. Und er verwandelte sich gerade in J. R. Ewing.

Dann kam das Wochenende, an dem seine Eltern Verwandte besuchten. Kaum waren sie aus dem Haus, riefen die beiden auch schon ihre ganzen Freunde an.

Er lud natürlich Ina Schmitz' Hintern ein. Der Rest kam auch mit.

Irgendwann passierte es dann. Zu später oder, besser gesagt, zu früher Stunde. Sie war versiert, er nicht. Er hatte bis dahin nur mit seinem Kopfkissen oder seiner linken Hand Sex gehabt. Er wusste, sie zog meistens mit ein paar uralten Typen herum, die locker schon 18 waren. Routiniert nahm sie ein Kondom aus ihrer von „Atomkraft? – Nein Danke"-Stickern übersäten Jutetasche, damit nicht ein Kind wie er schon Kinder zeugte.

Dann war es so weit. In seinem Zimmer, auf der Matratze unterm Hochbett, denn rauf hätten sie es nicht mehr geschafft. Während im Partykeller Suzi Quatro dumpf „Can the Can" schmetterte, war bereits alles vorbei, noch bevor der Refrain begann. Eine Erfahrung, die er mit vielen Jungs seines Alters teilte, auch wenn das Lied wahrscheinlich ein anderes sein sollte. Aber bis zum Refrain schafften es nur die wenigsten beim ersten Mal.

Es war trotzdem eine Expedition, eine Jungfernfahrt, die Eroberung eines unbekannten weiblichen Kontinents, die er nie vergessen würde. Schon allein, weil er das Glück hatte, mit beiden Händen, der rechten und der linken, Ina Schmitz' unfassbaren Hintern erkunden zu dürfen. Für einen kleinen Moment war er Christoph Kolumbus, Amundsen, Vasco da Gama, James Cook und Marco Polo in einer Person. Gut, vielleicht auch ein klein wenig Niki Lauda. Was das Tempo betraf.

Aber warum erinnerte er sich gerade jetzt wieder daran!? Vielleicht weil er kürzlich auf der Facebook-Seite seiner Heimatstadt eine gewisse Karina Schmitz auf einem Foto entdeckt hatte. Da saß eine nette, leicht pummelige, brav gekleidete Frau mit einer praktischen Kurzhaarfrisur auf einer Bank in der Sonne, mit beiden Händen umklammerte sie die Handtasche in ihrem Schoß, als müsste sie sich daran festhalten. Sie lächelte unschuldig, wie nur Omas schauen können, wenn sie ihren Enkeln beim Spielen zusehen.

Er starrte fassungslos auf dieses Bild und schrieb sofort seiner Schwester in die alte Heimat, in düsterer Vorahnung, dass er für dieses nett dreinblickende, pummelige, leicht fassförmige Wesen beinahe seinen rechten Arm geopfert hätte. Seine Schwester schrieb: „Ja, das ist die Ina, die heißt eigentlich Karina!" Und er dachte: „Oh Gott, die schaut ja aus wie meine Mutter." Er sprang auf, ging in den Flur, stellte sich vor den großen Spiegel und dachte: „Oh Gott, ich seh' ja aus wie mein Vater!

# Julia & Romeo – Alles gesagt ...

Immer gegen achtzehn Uhr betraten sie gemeinsam das Café.

Er war einer von denen, die es verpasst hatten, sich die Pomade aus dem Haar zu waschen und den Schlag der Hose dem Schlag der Zeit anzupassen. Sie bestand hauptsächlich aus Nase und hochtoupiertem, wasserstoffblondem Haar. Dazu trug sie entweder ein knallgrünes Kleid mit orangefarbenem Gürtel oder ein orangefarbenes Kleid mit knallgrünem Gürtel. Was sie an Sonntagen trug, hatte er leider nie erfahren. Sonntag war sein einzig freier Tag. Sie nahmen immer am selben Tisch Platz und saßen seltsamerweise immer nebeneinander. Sie saßen sich nie gegenüber.

Der Mann bestellte seit jeher für beide zusammen. Woher er wissen konnte, was sie wollte, faszinierte den jungen Kellner jedes Mal aufs Neue. Er hatte sie nie miteinander reden hören. Sie aßen schweigend, tranken schweigend ihren Kaffee, der Mann bezahlte schweigend mit einem wohlwollenden Kopfnicken und dann gingen sie wieder – schweigend.

Heute war er allein im Lokal, saß verloren am Tisch und der junge Kellner hörte ihn leise sagen: „Was soll ich denn nur essen ...?"

Viele Jahre später …

… hatte der ehemalige Kellner eine Verabredung auf der Gumpendorfer Straße in Wien. Seine Verabredung ließ auf sich warten und so vertrieb er sich die Zeit. Er landete vor der Buchhandlung Ernst, einem Antiquariat, das sich auf Magazine und österreichische Zeitungen bis zurück ins Jahr 1895 spezialisiert hatte. Aus dem leicht angestaubten Schaufenster flogen ihm die Erinnerungen nur so zu, hier lagen die Zeitschriften seiner Jugend von der BRAVO über MAD bis hin zum RENNBAHN EXPRESS. Eines der BASTA-Cover erweckte seine besondere Aufmerksamkeit. Auf ihm entdeckte er, zwar nicht groß auf der Titelseite (da war der Frauenliebling Herbert Fux abgebildet), aber doch wahrnehmbar links oben im Eck, ein Paar, das ihm irgendwie bekannt vorkam. Er trat ein und erwarb das vergilbte Stück Zeitgeschichte, setzte sich gegenüber in den verrauchten Irish Pub und schlug die entsprechende Seite auf. Und da fiel ihm alles wieder ein. Er erinnerte sich. Er erkannte sie wieder.

Selbst auf diesem Foto, das Anfang der 80er aufgenommen worden war, trug die überaus glücklich dreinblickende „Julia" ein orangefarbenes Kleid mit knallgrünem Gürtel und „Romeo" seine glänzende Pomade im Haar. Das stillschweigende Paar war einmal ein „Bomben-Stimmungs-duo" gewesen. Sie hatten jahrelang für „humorvolle Moderationen", „gute Party-Laune" und einen „unvergesslichen Anlass" gesorgt. Sie waren einst das „Halligalli-Schlagerduo Renate & Bernie" gewesen, das jede Geburtstagsparty und jedes Bierzelt zum „Burnen" bringen konnte, mit „auf dem Tisch-Tanz-Garantie".

Aber warum dieser Artikel? Was hatte Herrn und Frau Tingeltangel in dieses damals angesagte Szenemagazin gebracht?

Julia, die eigentlich Renate hieß, hatte ihren schwerreichen und stadtbekannten Industriellengatten Kurt S. für den überdurchschnittlich erfolglosen Playbacksänger Bernhard W. Hrdlicka verlassen, nachdem sie mit ihm rein zufällig zu später und angetrunkener Stunde in einem Lokal gelandet war, in dem Bernie für ausgelassene Stimmung gesorgt hatte. Er hatte Renate, die schon immer gern sang, auf die nicht wirklich vorhandene Bühne geholt und mit ihr im Duett „By the Rivers of Babylon" gesungen.

Eine Stunde später hatten sie auf der Damentoilette das erste Mal Sex.

Eine Woche später zog Renate von Grinzing nach Ottakring.

Einen Monat später reichte Kurt S. die Scheidung ein.

Renate hatte auf jeglichen Unterhalt verzichtet und zog es vor, jedes Wochenende mit ihrem Bernie in verrauchten Kaschemmen aufzutreten, um „Ein Bett im Kornfeld", „Wahnsinn" oder „Schnucki, ach Schnucki, fahr'n wir nach Kentucky" zu singen. Jede dieser langen Partynächte beschlossen sie mit „ihrem" Lied: „By the Rivers of Babylon".

Erst in diesem Moment begriff er, warum die beiden damals so eindrucksvoll geschwiegen hatten.

Es war bereits alles gesagt und gesungen.

# Kalinka – Errötendes Mädchen

Ivan Rebroff sang in der deutschen Hitparade „Kalinka, Kalinka, Kalinkakakaja". Er trug glänzend schwarze Stiefel, in die er schwarze Hosen gesteckt hatte, darüber ein großes, rotes Folklorehemd, darüber einen braunen Bart, darüber eine riesig große Bärenfellmütze und darüber Hammer und Sichel.

Letzteres zumindest in seiner überfüllten Erinnerung an das Jahr 1972.

Manchmal gab es um Rebroff herum auch ein paar tanzende Fellmützen mit den gleichen roten Folklorehemden, die mit breiten Mündern in die Kamera grinsten, entschlossen die Arme verschränkten, gleichzeitig in die Hocke gingen, um wahnsinnig schnell ihre Beine im

Rhythmus der Musik von sich zu strecken, als wollten sie mit dem Hintern über dem Boden schweben. Währenddessen sang der übergewichtige Russe Rebroff mit seinem tiefen Bass völlig unbeweglich von der Himbeere Kalinka. Der Junge hoffte jedes Mal, dass einer der Kosaken beim Tanzen auf dem Hintern landen oder ihm zumindest das Fell vom Kopf fliegen würde. Da hätten dann alle was zum Lachen gehabt.

Er wusste ja damals noch nicht, dass die Fellmützen in dem Moment, in dem er sie sah, schon wieder ganz etwas anderes taten. Vielleicht saßen sie ja gerade am Klo oder küssten sich oder standen vor dem Fernsehapparat und sahen sich selber beim Tanzen zu. Eigentlich verrückt. Die deutsche Hitparade war gar nicht da, während sein Vater und er die deutsche Hitparade anschauten.

Dass Fernsehen die Wirklichkeit verschieben oder, besser gesagt, verschleppen konnte, begeisterte ihn. Sein Vater hatte die Angewohnheit, immer mitzusingen. Besonders bei Ivan Rebroff. Da sah der Junge dann eine große, traurige Sehnsucht in Vaters Augen. Während also sein Vater und Ivan Rebroff mit ihren sonoren Bassstimmen etwas Wärme in den Kalten Krieg brachten, tanzte der kleine Junge mit der viel zu großen Fellmütze seiner Mutter am Kopf wie ein nordrheinwestfälischer Kosake vor dem Fernsehapparat, um schließlich auf seinem kleinen Hintern zu landen.

Später erfuhr er, dass Ivan Rebroff eigentlich kein Russe war, sondern Berliner. In Wirklichkeit hieß er Hans Rolf Rippert. Seine Eltern waren Paul Rippert und Luise Fenske. Eher untypische Namen für Russen. Der waschechte Rebroff verkaufte über zehn Millionen Langspielplatten, fast so viele wie der waschechte Leichtmatrose Freddy Quinn, der eigentlich Manfred Nidl hieß und aus dem österreichischen Niederfladnitz stammte, das ja bekanntermaßen direkt an der Nordseeküste liegt. Viel später, als der kleine Junge längst erwachsen war, hatte er die seltsame Ehre, den Trockendeck-Seemann persönlich kennenzulernen. Selten hatte ihn ein erfolgreicher Mensch derart gelangweilt mit seinen seekranken Eitelkeiten.

Nach Rebroffs „Kalinka" kündigte Dieter Thomas Heck in seiner Kalaschnikow-Rhetorik Mouse & McNeal an mit dem Song „How do you do, mm-hmm, I thought why not, na-na, na-na, just me and you and then we can na-na, na-na ..." und so weiter.

Während die spindeldürre, holländische „Mouse" klang, als würde sie wirklich singen, war McNeal in etwa so dick wie Ivan Rebroff. Allerdings war er völlig anders gekleidet. Auch McNeal trug Stiefel, allerdings braune, darüber senffarbene Hosen, ein Hippiefolklorehemd inklusive gebatikter Weste, eine rosa John-Lennon-Brille und statt der Fellmütze einen nicht abnehmbaren Wuschelkopf. In der Hand hielt er eine kleine Geige und jedes Mal, wenn Streicher ertönten, griff er schnell danach und tat, als würde er spielen.

Als der große Bruder dem Jungen verriet, dass die alle nicht „in echt" sangen, sondern nur so taten als ob, war er abermals fasziniert. Er sah das als große Chance an. Ein Russe, der kein Russe war, ein Matrose, der noch nie zur See gefahren war, eine Sängerin, die nicht wirklich sang, und ein Geiger, der nicht wirklich spielen musste.

Das Showgeschäft schien wie geschaffen für ihn. Das erahnte er bereits mit seinen acht untalentierten Jahren. Man musste nichts können, man musste nur vorgeben, etwas zu sein, was andere gerne sehen wollten. Und zu allem Überfluss konnte man längst schon wieder etwas anderes machen, während einem die Leute dabei zusahen, wie man etwas scheinbar tat. Dieser Gedanke begeisterte ihn. Erst viele Jahre später begriff er, dass das eigentlich nichts Besonderes war. Im Gegenteil. Es war völlig normal. Ein Grundprinzip, das die meisten Menschen im Allgemeinen und besonders in Beziehungen anwendeten.

So als ob.

Das Leben war auch nichts anderes als eine große Hitparade, in der alle nur so taten als ob. Vielleicht sah Gott im Himmel ja aus wie Dieter Thomas Heck auf der Showbühne.

Am nächsten Tag beschloss der kleine Kerl, mit seiner Sitznachbarin in der Grundschule, Kalinka Huisman, eine Weltkarriere zu starten. Ihre Mutter stammte im Gegensatz zu Hans Rolf Rippert wirklich aus Russland, und ihr Vater wie die Mouse von McNeal aus Holland. Obwohl der Junge mit seinen lächerlichen acht Jahren keinerlei Bezug zu Esoterik oder dergleichen hatte, sah er darin doch ein Zeichen, das Ivan Rebroff ihm schicken wollte: Kalinka, Kalinka, Kalinkakaja! Das Mädchen mit den Himbeerwangen!

Kalinka Huisman war von seiner Idee begeistert!

Sie hielten sich beide für hoch untalentiert und, der Hitparaden-Analyse des Jungen folgend, schlossen sie, dass dies die besten Voraussetzungen wären, um berühmt zu werden. Aufgrund ihrer körperlichen Eigenschaften – sie ging eher in Richtung „McNeal", er mehr in Richtung „Mouse" –, beschlossen sie, Ivan Rebroffs Prophezeiungen tolerant zu deuten. Sie tauschten einfach die Rollen.

Sie wollten mit „How do you do" in die Hitparade. Dass mit dem Song bereits andere dort waren, hinderte sie nicht an ihrem Vorhaben.

Dazu brauchten sie allerdings das Lied.

Sie setzten sich mit dem Universum Kassettenrekorder, den der Junge voller Stolz um 168 Deutsche Mark beim Quelle-Versand erworben hatte, vors Röhrenradio, um „How do you do" direkt mit dem Mikrofon aufzunehmen.

Sie wechselten sich ab, damit einer von ihnen im richtigen Moment mit einem Finger auf die rote REC-Taste und gleichzeitig mit dem anderen Finger auf die PLAY-Taste drücken könnte, sobald das Lied ertönte. So saßen sie abwechselnd da, wie versteinert, mit erhobenen Händen und ausgestreckten Zeigefingern. Sie wollten auf keinen Fall den Einsatz verpassen.

Das Lied kam nicht und nicht daher.

Eine Weltkarriere hatten sie sich leichter vorgestellt. Außerdem wollte Kalinka nur in ihrem kleinen Dorf weltberühmt werden. An einem Sonntag hatte sie einmal ihre Verwandten in Holland besucht und dort unter schrecklichem Heimweh gelitten. Als sie bei den Verwandten aus dem Fenster gesehen hatte, erblickte sie dort etwas anderes als daheim. Und das mochte sie nicht.

Kalinkas Leben lief nach einem festen Plan ab. Ihre Mutter kochte seit Jahren jeden Montag „Himmel und Erde", also Kartoffelpüree mit Apfelmus, jeden Dienstag „Schinkenbegräbnis", Pellkartoffeln mit Schinken, jeden Mittwoch „Äpfel im Schlafrock", jeden Donnerstag „Blutgemüse" und jeden Freitag gab es zur Nachspeise „Errötendes Mädchen", eine Buttermilchtorte mit Himbeeren. Kalinkas Vater hatte eine besondere Schwäche für Speisen mit ausgefallenen Namen, und seine Frau bereitete sie ihm Woche für Woche zu. Vielleicht erinnert er sich deshalb so genau daran, weil er oft bei Kalinka gegessen hatte und genau wusste, wann er sich zum Essen einladen lassen wollte und wann nicht.

Er konnte sich an ein Gespräch zwischen seinen Eltern erinnern, die sich darüber wunderten, dass Kalinkas Mutter immer diese klassischen, niederrheinischen Speisen kochte, wo sie doch aus Russland stammte und ihr Mann aus Holland. Keiner im Dorf wusste, wie es die beiden zu ihnen an den Rhein verschlagen hatte.

Wie mit dem Essen hielt es Kalinkas Mutter auch mit der Kleidung ihrer Tochter. Jeden Montag der gleiche Rock, jeden Dienstag die gleiche Hose. Und so weiter und so fort. Kalinka erklärte ihm, dass ihre Mutter ihr erklärt hatte, dass sie sich so keine Gedanken mehr ums Essen oder um Kleidung machen müsse und den Kopf frei hätte für andere Dinge. Sie musste sich nie die Fragen stellen: „Was soll ich denn heute kochen?" oder „Was soll ich denn heute nur anziehen!?" Für sie bedeutete das Freiheit. Nur an Geburtstagen durfte sich jeder in der Familie eine andere Speise wünschen.

Heute fragt er sich, wofür Kalinkas Mutter damals den Kopf frei haben wollte? Für welche Fantasie. Er erinnert sich. Manchmal sah er sie in ihrem Garten stehen. Bewegungslos, den Kopf im Nacken, starrte sie zum Himmel und beobachtete die Vögel. Minutenlang. Als würde sie sie um ihre Freiheit beneiden.

Viele Jahre später, als er längst mit den Vögeln fortgezogen war, erfuhr er, dass Kalinkas Mutter sich vom Dach ihres Hauses gestürzt hatte. Wenn er an sie denkt, dann stellt er sich immer wieder vor, wie sie sich jeden Montag, jeden Dienstag, jeden Mittwoch und so weiter und so fort aufs Dach gestellt und ihre Arme ausgebreitet hatte, als wollte sie fliegen. An ihrem Geburtstag hat sie sich vielleicht ihren sehnlichsten Wunsch erfüllt. Zumindest in seiner Fantasie ist sie heimgeflogen, nach Russland.

Das Leben schlägt oft seltsame Kapriolen. Da war ein Deutscher ein unechter Russe und eine Russin eine unechte Deutsche. Vielleicht gab es ja bei der Familie Rippert zu Hause in Berlin immer „Falscher Hase" oder „Russisches Ei".

Am Tag, als Conny Kramer starb, der Puppenspieler von Mexiko, eine neue Liebe ist wie ein neues Leben, oh yes hello Mary-Lou, aber kein How do you do. Sie warteten und warteten.

Sie überlegten, ob sie sich drüben bei Tante Hanni ein paar Lakritzschnecken holen sollten, um die Wartezeit zu verkürzen. Aber Kalinka war auf Diät und der Junge beschloss, mit ihr mitzuleiden, immerhin wollten sie ja auch den Erfolg teilen.

Dann ertönte plötzlich ein ganz anderes Lied und aus einem Reflex, vielleicht auch nur aus Erschöpfung, drückte er auf die beiden Tasten.

*„Wenn man nur als Kind schon wüsste / was man tun und lassen müsste / wär' das Leben leicht. / Ob man alle weiten Ziele / und das schönste der Gefühle / irgendwann erreicht. / Von den vielen Illusionen / die in uns'ren Herzen wohnen / bleiben nur ein paar / und die werden / wie ein Wunder / eines Tages dann mitunter wahr. / Einmal um die ganze Welt / und die Taschen voller Geld / dass man keine Liebe und kein Glück versäumt. / Viele fremde Länder seh'n / auf dem Mond spazieren geh'n / davon hab ich schon als kleiner Bub geträumt."*

Sein Gott hieß Karel und nicht Dieter Thomas.

In dem Moment wusste er, dass er einen Verbündeten gefunden hatte. Endlich sang einer von dem, was ihn bewegte. Augenblicklich wusste er, dass Kalinka Huisman und er keine gemeinsame Zukunft haben konnten. Er wollte nicht jeden Montag das gleiche Lied singen und vom Fenster aus die gleiche Aussicht haben.

Er wollte einmal um die ganze Welt.

Noch bevor ihre Playback-Schlagerduo-Karriere begonnen hatte, war sie auch schon wieder vorbei. Kalinka nahm es mit Grandezza, auch wenn er damals noch gar nicht wusste, was Grandezza war. Tapfer verabschiedete sie sich von ihm und meinte, sie müsse nun heim. Am nächsten

Tag kam sie nicht in die Schule. Von ihrer Mutter erfuhr er, dass sie sich gleich nach dem Ende ihrer gemeinsamen Zukunft den Bauch derartig mit Lakritzschnecken vollgestopft hatte, dass sie im Anschluss daran an Herzrhythmusstörungen litt. Als sie ein paar Tage später wieder in die Schule kam, wechselte sie stumm den Platz.

Sie saßen nie wieder nebeneinander.

Vielleicht war Kalinka Huisman die Erste, die er enttäuschen musste, um sich selber treu zu bleiben.

Neun Jahre später verließ er diesen Ort, folgte dem Rat (Karel) Gott(e)s und machte sich auf die Suche nach den Wundern in seinem Herzen. Vielleicht hätte Kalinka Huismans Mutter das auch tun sollen.

Und Kalinka? Sie schaut noch immer aus dem gleichen Fenster in eine Welt, die sich, auch wenn sie es nicht wahrhaben will, täglich verändert. Jeden Montag, jeden Dienstag, jeden Mittwoch. Und so weiter und so fort.

Aber wer weiß, vielleicht wagt sie ja in den Nächten einen Blick nach oben in den Sternenhimmel und sieht ihre Mutter auf dem Mond spazieren geh'n…

## Errötendes Mädchen:

### Boden:

| | |
|---|---|
| 100 g | Mehl |
| 3 TL, gestr. | Backpulver |
| 75 g | Zucker |
| 1 Pck. | Vanillezucker |
| 3 | Eier |
| 2 EL | Öl |
| 1 EL | Essig |
| 25 g | Zucker |
| 3 EL | Wasser |
| 2 EL | Himbeergeist |

### Belag:

| | |
|---|---|
| 500 g | Himbeeren (TK) |
| 6 EL | Sirup (Himbeere) |
| ½ Liter | Buttermilch |
| 75 g | Puderzucker, gesiebter |
| 2 | Zitronen – Schale, geriebene |
| 3 EL | Zitronensaft bzw. nach Bedarf |
| 10 Blätter | Gelatine |
| 200 ml | Sahne |
| 250 ml | Sahne, geschlagene, zum Verzieren |
| 1 Pck. | Sahnesteif |
| | Zitronenmelisse zum Verzieren |
| | Himbeeren zum Verzieren |
| | Fett für die Form |
| | Mehl für die Form |

# Livia – Seelischer Verlust

*(Tragische Trilogie, Teil II)*

Wenn sie sich fallen ließ, wenn sie sich auflöste, dann verschlug es ihr die Sprache. Dann war sie nicht fähig, zu reden. Sie vergaß sogar zu atmen.

Das war ein schönes Gefühl.

Damals, als sie noch jung war, als sie noch nicht wusste, was Sex mit ihr tat, dachte sie, dass Menschen beim Sex nicht reden könnten. Und jetzt war es wirklich so. Nicht immer natürlich. Aber wenn sie flog, dann flog sie. Dann spürte sie nur den freien Fall. Sie griff nach ihrem Herzen und warf es einfach so, ohne zu überlegen, aus dem offenen Flugzeug und sprang hinterher. Ohne Fallschirm, ohne Rücksicht auf ihren Verstand. Manchmal war es ganz hell um sie, ein anderes Mal sprang sie in die Finsternis, tastete nach Küssen und Berührungen und suchte nach Haut. Dann war es so, als würde ER sie in der Luft halten, als wäre ER ihr Fallschirm, der sich aufspannte, sie plötzlich wieder nach oben zog und sie davor bewahrte, zu zerschellen.

Manchmal war sie hingegen vollkommen egoistisch und vergaß ihn einfach. Sie löste sich in tausend kleine Teile auf. Bilder, Geräusche und Gerüche rasten im freien Fall an ihr vorbei in Richtung Erde, während sie sich nach oben in den Himmel katapultierte. Nachher fragte sie sich dann, ob er wohl bemerkt hatte, dass sie ganz weit weg gewesen war. Dass sie gar nicht bei ihm, sondern nur bei sich war. Aber wer weiß, wohin es ihn in diesem Augenblick verschlagen hatte. Im Idealfall waren sie gemeinsam ganz weit weg.

*„Vielleicht sind das ja schöne kleine Tode, wenn einem das Herz verspricht, zum Hals herauszuspringen, vor lauter Lust, Erschöpfung und Glück",* flüsterte sie, in seinen Armen liegend. Wenn sie dalagen, außer Atem, nebeneinander, an die Decke starrend, zu erschöpft, um nach dem Glas Wasser zu greifen, dann kehrten langsam die Worte zurück. Einmal sprachen sie darüber, dass so zu sterben wohl der schönste Tod wäre, den sie sich beide vorstellen könnten. Im Moment der gemeinsamen Höhepunkte würden ihre Herzen aussetzen und sie würden nie, nie wieder ein Wort reden. Fassungslos überwältigt, in der Sprachlosigkeit auf ewig vereint. In vollendeter Stille.

Wie Philemon und Baucis, denen die Götter den Wunsch erfüllt hatten, sich nie trennen zu müssen, indem sie beide gleichzeitig sterben durften. Am Ende ihres Lebens verwandelten die Götter sie in zwei Bäume. Philemon wurde zu einer Eiche und Baucis zu einer Linde.

Livia wusste, man konnte nicht mit jedem Mann ins Nichts springen und glauben, dass er mit einem fliegen würde. Bei vielen war es ein hoffnungsfroher Sprung und kurz darauf doch nur ein nichtssagender, sinnentleerter Aufschlag.

Sie war davon überzeugt, dass es gerade einmal drei Menschen gab, die einem in ekstatischer Erinnerung blieben. Eben weil man sich nicht erinnern konnte. Es blieben höchstens Bilder zurück. Oder Gerüche, Gefühlszustände. Weil man nur Körper war, in diesem Moment. Vielleicht kam ja daher der Ausdruck „Um den Verstand gebracht" … In Erinnerung, in „Lost in Ekstase", wie sie es so gern nannte, blieben ihr höchstens drei Menschen. Das war ihre These.

Das Gute an der Sache!? Sie war diesen drei Männern bereits begegnet. Es gab sicherlich genug Frauen, denen niemals auch nur einer begegnet war, die sich niemals in Ekstase verloren hatten, für die Sex nur eine Nebenwirkung der Ehe war, die man bei Einnahme der Zweisamkeit in Kauf nehmen musste.

Sie glaubte allerdings auch nicht daran, dass es gute und schlechte Liebhaber gab. Einmal sagte sie zu ihm: „*Vögel müssen im gleichen Rhythmus mit den Flügeln schlagen, damit sie gut miteinander vögeln können.*" Er lachte und verzieh ihr die Plattitüde.

Der erste Mann, der ihr sexuell unvergessen blieb, passte laut kosmischer Numerologie zu 95 Prozent zu ihr. Sie kamen beim Sex immer gemeinsam. Und sie war sich ziemlich sicher, dass er seinen Orgasmus nie vorgetäuscht hatte. Leider beschränkte sich ihre 95-prozentige

Übereinstimmung rein aufs Körperliche. Der Rest war ein Desaster. Nachdem sie sich zwei schwere Jahre lang immer wieder Tod und Teufel gewünscht hatten, gingen sie schließlich zu einem Therapeuten, um sich beraten zu lassen, wie sie voneinander loskommen könnten. Sie hatten Glück. Sie verliebte sich in den Therapeuten und verließ ihren 95-Prozent-Mann auf der Stelle. Auch wenn das therapeutische Glück nicht von Dauer war, half es ihr zumindest, diese fatale Beziehung zu beenden. Abgesehen davon stellte der einfältige Seelenheiler ihr diese Therapiesitzung nie in Rechnung. Leider waren er und sie ein miserables Liebespaar. Er war so derartig sensibel und einfühlsam, dass sie rein gar nichts spürte.

Leibhaftig sah sie ihre Nummer zwei zum ersten Mal nach dem ersten gemeinsamen Sex. Sie hatten sich über Facebook kennengelernt. Livias Ehe war damals gerade dabei, in die Brüche zu gehen. Ihr Mann und sie waren an einer schmutzigen Wegkreuzung angelangt. Sie warf mit einem Aschenbecher nach ihm, er schminkte sich blaue Flecken und machte davon Selfies für seine Scheidungsanwältin. Daraufhin klaute sie ihm sein Handy und schrieb allen seinen heimlichen Freundinnen, dass er Aids habe. In dieser bösartigen Zeit suchte sie auf Facebook Zuflucht, in der Hoffnung auf eine neue Liebe.

Sie begann mit einem durchaus attraktiven Profilfoto zu korrespondieren. Sie telefonierten nie. Irgendwann verabredeten sie sich. In einem Lokal. Zum Essen. Klassisch. Aber dann schrieb er plötzlich, ob er ihr einen Vorschlag machen dürfe? Einen eher unkonventionellen. Sie antwortete mit Ja. Kurz darauf kam eine weitere SMS: *„Wir treffen uns in einem Hotelzimmer. Wer zuerst dort ist, macht alles ganz finster und erwartet den anderen. Ob nackt oder nicht, bleibt ihm oder ihr überlassen. Wir reden kein Wort. Was geschehen soll, geschieht. Wenn es geschieht, dann reden wir erst nach dem Sex miteinander. Davor und währenddessen spricht niemand ein*

*Wort. Jedem von uns ist es freigestellt, jederzeit zu gehen. Ohne Erklärung. Ohne Worte."*

In der Sekunde, nachdem sie die Nachricht gelesen hatte, willigte sie ein. Ohne zu überlegen. Er schrieb ihr aus der Seele. Das war genau das, was sie schon so lange beschäftigte. Worte bremsten so oft ihren freien Fall.

Die meisten ihrer Freundinnen verstanden dieses „Problem" sowieso nicht und konnten es auch nicht nachvollziehen. Sie dachten beim Sex meistens an irgendetwas anderes oder zumindest an einen anderen Mann. Beim Sex reden war etwas ganz Selbstverständliches für sie. Beim Essen redete man ja auch. Oder beim Autofahren.

Der Unbekannte war zuerst da. Sie hatte sich bewusst Zeit gelassen. Auch wenn es ihr schwerfiel. Sie spürte die aufgeregte Hitze zwischen ihren Beinen. Das fühlte sich gut an. Hätte sie ihren Freundinnen davon erzählt, sie hätten sie wohl für verrückt erklärt. Zu einem fremden Mann in ein dunkles Hotelzimmer zu gehen. Was wäre, wenn sie da plötzlich ganz ein anderer erwartete? Ein fetter, verschwitzter Grauslicher. Oder gleich mehrere Typen, die sie nur in eine Falle locken wollten. Ihre Freundinnen würden alles verurteilen, was sie vermisste. Sie würden ihren eigenen Mangel an Mut in eine Moralkeule verwandeln. Und so weiter und so weiter. Gleichzeitig wusste sie, dass sie sich eigentlich alle nach einem Abenteuer sehnten. Nach etwas Verruchtem, etwas Unvorhergesehenem, etwas Verbotenem. Etwas, das sie wieder spüren ließe, dass sie etwas spürten. Etwas, das sich nicht wie Autofahren anfühlte. Etwas, das einem die Sprache verschlug.

Was hatte sie schon zu verlieren? Ihre Unschuld? Lachhaft. Höchstens ihre Schuld. Wenn, dann war sie sich und ihrem ausgesetzten Leben diesen Herzschlag schuldig.

Sie betrat den dunklen Raum, schloss sachte die Türe und tastete sich unsicher vor. Sie spürte, dass der Unbekannte im Zimmer war und sie sich eine Aufregung teilten. Der Boden knarrte. Auf einmal standen sie ganz dicht beieinander. So nah, dass sie glaubte, das Pochen ihrer Herzen zu hören. Sie atmete seinen warmen Atem ein und erkundete mit den Fingerspitzen seine Lippen. Er reiste mit seinen Fingern ihre Lebenslinien entlang und schälte sie wie in Zeitlupe aus ihrer Alltagsrüstung. Als wäre sie eine verletzliche Heldin, die einem Fremden ihre Schmetterlingshaut blindlings überließ. Sie beschnupperten sich wie junge Hunde und kleideten einander mit Händen und Küssen neu ein. Vielleicht war es die Dunkelheit, die ihre Sinne schärfte. Vielleicht das vereinbarte Stillschweigen oder der ansteigende Pulsschlag, der ihnen den Rhythmus vorgab. Sie verschmolzen ineinander und verbündeten ihre Seelen. Aus Sanftheit wurde Gier. Aus Zärtlichkeit Wollust. Aus Stille Stöhnen. Sie fügten sich ineinander wie andere in ihr Schicksal. Sie dachte keine Sekunde lang. Sie ließ ihr lautes, grelles Leben zurück im Licht und stürzte sich selbstvergessen ins Unendliche. Wie in eine Spirale, einen Strudel. Eine bunte Finsternis.

Sie war davon überzeugt, dass man sich bei wirklicher Hingabe auch immer offenbarte, sich seelisch verlor und preisgab, auch auf die Gefahr hin, dass es der oder die andere nicht tat, nicht wollte oder nicht vermochte. Aber vollkommen seelisch verlieren konnte man sich nur, wenn beide sich ineinander verloren. Wer sich in solchen Momenten völlig auflöst, um sich unvermutet im anderen wiederzufinden, solle ihr bitte erklären, wie er im Angesicht der Wahrheit reden könne.

Danach schalteten sie das Licht ein und redeten. Die Sprache kehrte mit der Wirklichkeit zurück. Ihm ging es wie ihr.

Trotzdem ist aus den beiden nichts geworden. Kaum, dass sie ihren Raum, ihre Insel verlassen hatten, saßen sein und ihr Leben mit am Tisch und erdrückten die erschwindelte Leichtigkeit. Sie gingen friedlich auseinander und trugen noch eine ganze Weile den ekstatischen Verlust des anderen mit sich herum.

Vom dritten Mann haben wir bereits erfahren. Er war der, für den sie ihr Herz aus dem offenen Flugzeug geworfen hätte. Für den sie jedes Mal bereit war, ohne Sicherung und Verstand ins offene Nichts zu springen. Durch den sie ihre Seele und ihre Sprache verloren und in ihm wiedergefunden hatte. Mit dem sie sich gewünscht hatte, im Moment der Ekstase sprachlos hinüberzugleiten in die andere Welt. Wer hätte gedacht, dass ihnen genau das eines Tages tatsächlich gelingen würde, wenn auch nicht so, wie sie es sich seinerzeit erträumt hatten, als sie verschwitzt und erschöpft, trunken vor Glück im Bett lagen und darüber sprachen, dass das wohl der schönste Tod wäre, den sie sich vorstellen konnten.

Im Moment des Aufpralls setzten ihre Herzen aus und sie redeten nie, nie wieder ein Wort. Fassungslos überwältigt, in der Sprachlosigkeit auf ewig vereint, krachten sie in das unbeleuchtete Auto, das direkt vor ihrer Einfahrt stand.

Wie immer, wenn sie in der Nacht heimkamen, schaltete er hundert Meter vor ihrem Haus die Scheinwerfer aus. Das war ihr kleines Ritual. Sie lösten die Sicherheitsgurte, er legte den Leerlauf ein, sie griffen sich bei den Händen und schwebten durch die Nacht. Wortlos. Still. Sprachlos. Das war ein bisschen wie Fliegen, wie Sex, wie Seele verlieren. Ohne Fallschirm.

# Mutti – Fertigbackmischung

Er hatte Papst Paul VI. sein Leben zu verdanken. Am 1. Juni 1961 kam die Antibabypille in Deutschland auf den Markt. In den ersten Jahren wurde sie nur verheirateten Frauen verschrieben. Hätte die katholische Kirche nicht gesagt, dass jeder eheliche Akt auf die Erzeugung menschlichen Lebens hin geordnet bleiben müsse, dann hätte seine gläubige Mutter wohl schon seit 1961 die Antibabypille geschluckt und er wäre nicht drei Jahre später auf die Welt gekommen. Jedenfalls hatte sie das Tante Hanni, die einen Tante-Emma-Laden bei ihnen an der Ecke besaß, der aber eigentlich „Tante Hanni" hieß, erzählt, während er daneben stand und sich für 20 Pfennig Lakritzschnecken aus dem Glas pulen durfte. Er war damals sieben Jahre alt.

Diese unüberlegte Aussage verwirrte ihn. Seine tiefgläubige Mutter war also im Gegensatz zu ihm eher nicht so gut auf den Papst zu sprechen. Sie hätte liebend gern die Pille genommen. Warum? Um sich die 20 Pfennig für die Lakritzschnecken zu sparen? Oder wollte sie ihn nicht? Aber warum tätschelte sie dann liebevoll seinen Kopf, während sie das alles Tante Hanni erzählte?

Immer, wenn sie im Religionsunterricht zu wild waren, warf der Pfarrer mit seinem fetten Schlüsselbund nach den Kindern. Einmal hatte er den Jungen so hart an der Stirn getroffen, dass er blutete. Seine Mutter wusch ihm das Blut ab und schimpfte mit ihm. Sie hatte Verständnis für den jähzornigen Pfarrer, weil der arme Mann im Krieg lebendig verschüttet gewesen war. Seither zitterte er vor Angst und Wut.

Der Junge war Messdiener und rächte sich später an dem Gottesmann, indem er vor der Frühmesse heimlich in den Wein spuckte.

Wenn er Streit mit seinen Eltern oder Geschwistern hatte, stellte er sich vor, dass er wie tot in einem offenen Grab im Sarg liegen würde und alle laut schluchzend um ihn weinten und es zutiefst bereuten, dass sie mit ihm geschimpft oder ihn verpetzt hatten. In seinen Genugtuungsträumen stieß er mit einem Ruck den Sargdeckel auf und warf mit fetten Schlüsseln nach seinen Geschwistern und den Eltern. Danach entschuldigten sich alle reumütig bei ihm, während sie sich mit den Händen die blutigen Köpfe rieben.

Manchmal zweifelte er. Vielleicht würde seine Mutter sich ja freuen, wenn er tot wäre, weil sie ihn eigentlich gar nicht wollte und die 20 Pfennig lieber für etwas anderes ausgegeben hätte. Also stellte er sich vor, wie es wäre, nicht da zu sein. Nicht auf der Welt zu sein. Würde er der Welt fehlen? Oder die Welt ihm? Würde ihm sein Vater fehlen,

die Geschwister, sein Leben, seine Freunde, Tante Hanni!?
Seine Mutter!? Die Lakritzschnecken?

Er stellte sich vor, wie es wäre, wenn er als einer, der noch
gar nicht auf der Welt war, seine eigene Geburt mit einer
Antimutterpille verhindern könnte. Wie das wohl wäre?
Käme er dann zurück in seinen Vater? Was würde mit ihm
passieren? Wenn er seine Mutter nicht wollte. Wenn er
nicht in seine Mutter wollte und auch später nicht hinaus
ins Leben?

Zurück blieb eine ganz banale Erkenntnis: Es wäre einfach
nichts. Eine Verkettung unglücklicher Umstände, die andere Menschen auch als „ihre Lebensgeschichte" bezeichnen, wäre einfach nicht geschehen.

Oder er wäre in eine andere Mutter geraten. Auch wenn
er sich das nur sehr schwer vorstellen konnte. Sein Ba-
sisprodukt war ja vorher in seinem Vater und sein Vater
liebte nur seine Mutter.

So hatten es sich seine großen Schwestern jedenfalls gegenseitig erklärt. Und er hatte heimlich zugehört. Kin-
dermachen ist wie Backen. Wie eine Dr.-Oetker-Back-
mischung. Das Vermischen der Keimzellen ist nicht viel
anders als die Vermischung von Eiern und Mehl. Und der
komische Schleim ist quasi das Backpulver. Und wenn der
Kuchen fertig gemischt ist, dann muss er nur noch neun
Monate im Rohr bleiben und dann ist er fertig.

Und je nachdem, wie gut dein Kuchen gelungen ist, so
schmeckt dann dein Leben.

Sollte er sich seine Mutter wirklich ausgesucht haben,
dann bereute er eigentlich nur eines: dass er sie nie wirklich kennengelernt hatte.

Jahre später, als Erwachsener, konnte er sich an viele Geschichten erinnern.

Er hasste Zwiebeln. Immer wenn er fragte, ob in ihrem Kartoffelsalat Zwiebeln wären, antwortete sie mit lieblicher und unschuldiger Stimme: „Nein, nein, da sind keine Zwiebeln drin!" Er nahm vertrauensselig davon und biss auf eine rohe, im Mund grässlich quietschende Zwiebel und kotzte ansatzlos auf den Tisch. Das sollte lange Zeit so bleiben. Bis sie es satthatte, das Resultat der misstrauensbildenden Maßnahmen wegzuwischen. Irgendwann machte sie ihm seine eigene Portion Kartoffelsalat ohne Zwiebeln.

Er bewahrt bis heute dutzende Postkarten von ihr und ihren Seniorenreisen auf. Sie beginnen alle mit dem gleichen Satz: „Wir haben es gut angetroffen." Eine Karte ist ihm besonders im Gedächtnis. „Wir haben es gut angetroffen. Herr Huisman hatte einen Magendurchbruch. Die Zimmer sind sehr schön. Mutti!"

Aber wer war Mutti wirklich?

Er hatte sich seine Mutter selber ausgesucht und weiß in Wahrheit überhaupt nicht, wer sie war. Er war einmal ein Teil von ihr und kannte sie kaum. Er weiß nichts von ihren Gefühlswelten, ihren Sehnsüchten, ihren Ängsten, ihren Träumen.

Sicher, er weiß, dass sie fünf Kinder waren und dass Mutter und Vater viel arbeiten mussten, um alle durchzufüttern. Er weiß, dass sie Gebärmutterkrebs hatte und ihn überlebt hat. Er weiß, dass sie immer gestresst im Stehen Leberwurstbrote gegessen und dabei mit offenem Mund geredet hat. Er weiß, dass seine älteste Schwester das Resultat einer Liebschaft mit dem Sohn des Oberbürgermeisters oder des Cafetiers aus ihrem Heimatort war und dass das damals ein Skandal gewesen war. Ein uneheliches Kind.

Er weiß auch, dass die Eltern sich kennengelernt hatten, weil sein Vater mit dem Theater auf Tournee war und seine

Mutter ihn in einem kleinen Café bedient hatte. Er weiß, dass sie ihm nicht mehr aus dem Sinn ging und er vier Jahre später zurückkehrte, sie mitnahm, und dass die beiden bis zu Vaters Tod ein Paar waren.

Er weiß, dass er sich in seiner schreiberischen Fantasie eine wunderbar kitschige Liebesgeschichte dazu ausdenken könnte, mitsamt dem herbeigesehnten unbekannten Innenleben.

Vielleicht sollte er sich Ernestines verschüttete Seele, ihre ungelebten Träume, ihre verschwiegenen Ängste einfach herbeischreiben, um das Vakuum des Nie-Gesagten zu füllen.

Später erfuhr er, dass der Arzt nach dem zweiten Kind gemeint hatte, dass sie besser keine Kinder mehr bekommen sollte. Sie hatte trotzdem dem Papst mehr Glauben geschenkt. Er und seine zwei anderen Schwestern waren nur deshalb auf der Welt. Der Pille und den Ängsten zum Trotz. Er weiß, dass sie ihr Leben für ihn riskiert hatte, obwohl sie einander gar nicht kannten. Und bis heute weiß er nicht, wer sie wirklich war.

Einmal träumte er, dass er an ihrem Grab stand und um sie weinte, als sie plötzlich den Sarg aufstieß, ihm eine dicke, fette Zwiebel an den Kopf warf und lachend meinte: „Ich habe es gut angetroffen und dich immer geliebt. Auch wenn ich nie gelernt habe, es zu sagen. Im Himmel ist es sehr schön. Dein Vater ist auch da. Der Rest ist dein Salat."

Dann wachte er auf.

Er griff sich an den Kopf und merkte, dass es gar nicht blutete.

# Nora Burhahn – Die Krähe

Nora Burhahn hatte ziemlich schiefe Zähne. Schief ist vielleicht das falsche Wort. Sie sahen eher aus wie ein wirr zusammengeflickter Lattenzaun. Ein Brett stand weiter vorn, ein anderes schräg und weiter hinten, eines war höher, das andere kürzer, das nächste spitzer. Man könnte aber auch einfach sagen, es war ein Stonehenge-Gebiss. Es sah tatsächlich aus wie die riesigen Felsquader in Südengland, nur dass eben Nora Burhahns Gebiss bei Weitem nicht so sehenswert war und kaum bis gar keine Besucher anzog, außer vielleicht ein paar Essensresten.

Dazu trug sie ungepflegte, meist fettige, braune, schulterlange Haare, die sich konsequent weigerten, eine Frisur darzustellen. Manchmal konnte man aber auch morgens problemlos ausmachen, auf welcher Seite sie geschlafen hatte, weil ihre Haare entweder am linken oder rechten Hinterkopf seltsam eingedötscht waren, als hätten sie einen Parkschaden mit Selbstbehalt. Manchmal sah man etwas Trockenshampoo in ihren Haaren, das, wenn sie den Gang entlangstelzte, von ihr abfiel wie weißer Kalk.

Wenn die Klasse Pech hatte, sah sie auch noch den Kissenabdruck auf ihrer Wange. Er stellte sich dann vor, dass sie, kaum dass der Wecker geklingelt hatte, aufstand, automatisch in ihre immer gleichen Sachen schlüpfte und, ohne auch nur ein einziges Mal das Bad betreten zu haben, direkt zur Wohnungstüre hinaus in die Schule ging. Ohne

Umwege. Mit einer ungeputzten Sehenswürdigkeit im Mund. Ihre Deutschlehrerin hatte einen federnden und gespreizten Gang, als würde sie immer nur den Vorderfuß benutzen und sich damit vom Boden abstoßen. Dabei streckte sie auch noch rhythmisch den Hals vor und zog ihn wieder zurück wie eine Giraffe. Sie ging, als würde sie traben – aber ohne Pferd. Das sah absolut bescheuert aus. Anders konnte er es nicht beschreiben.

Sie trug nie Kleider oder Röcke, was er als eine der wenigen humanitären Gesten ihrerseits wahrnahm. Zumindest das ersparte sie ihren Schülern. Sie verpackte ihren nicht existenten Hintern in blassblauen Karotten-Jeans, darüber trug sie karierte Hemden und modebefreite Tweed-Sakkos, zumeist mit braunem oder dunkelgrünem Fischgrätmuster. Auch im Sommer. Der absolute Gipfel aber waren ihre damals zwar schwer angesagten, aber in dem Fall völlig unpassenden Adidas-Turnschuhe, bei denen man drei Gummistifte rausnehmen oder reingeben konnte, um sie in der Ferse entweder weicher oder härter zu machen. Was in ihrem Fall natürlich kompletter Unsinn war, da sie sich ja sowieso nur auf den Fußballen bewegte.

Als sie der Klasse einmal im Unterricht den Song „Bridge over troubled Water" von Simon & Garfunkel vorspielte und keiner der 14-jährigen Schüler die tiefere Bedeutung des Textes erfasste, setzte sie mit einer unfassbaren Genugtuung zum verbalen Rundumschlag an, dass es sich dabei um eine Metapher auf die Homosexualität handeln und von Menschen mit „diesem Problem" erzählen würde. Simon & Garfunkel waren ja auch homosexuell, sagte sie, und dabei schwollen ihre kleinen, harten Brüste regelrecht an, als wäre sie die erste Person auf der Welt, die die Mehrdeutigkeit dieses Songs entdeckt hatte. Es war das einzige und erste Mal, dass er sie glücklich gesehen hatte.

In seiner von schulischer Langeweile bestürmten Fantasie stellte er sich vor, wie Nora Burhahn die Schallplatte wechselte und den Tonarm auflegte. Zuerst hörte er nur das Kratzen der Nadel, aber dann ertönte das Lied: „Y.M.C.A." von Village People! Sie sprang auf das Lehrerpult, riss sich ihr Tweed-Sakko und ihr Karohemd vom Leib und begann zu tanzen wie die Männer in dem Video. Sie war Indianer, Bauarbeiter und Motorradbulle in einer Person. Sie wechselte sekundenschnell Indianerschmuck gegen Helm und dazwischen fand sie sogar noch Zeit, mit ihren kleinen, harten Brustnippeln zu spielen. Dazu sang sie lauthals „Young man, there's no need to feel down, I said young man, pick yourself off the ground" ... und so weiter und so weiter. Als sie lauthals den Refrain schmetterte, wippte sie lasziv mit dem Becken und streckte ihre Arme weit von sich wie ein wohltemperierter Cheerleader. Er starrte wie versteinert auf ihre Achselhaare, die die gleiche Konsistenz zu haben schienen wie ihre Kopfhaare.

Frau Burhahn knallte mit voller Wucht das Klassenheft auf sein Pult und riss ihn aus seinem Traum. Das trug ihm einen Eintrag ein. Sie schrieb: „Schüler träumt im Unterricht." Er empfand das als Auszeichnung, sie als Vergehen. Er hätte den Traum gern dazu ins Klassenheft geschrieben.

Viel später begriff er, dass sie damals von ihrer eigenen Brücke über den reißenden Fluss sprach. Seltsamerweise hat Paul Simon einmal in einem Interview gesagt, dass er keine Ahnung habe, woher die Worte und die Melodie zu „Bridge over troubled Water" gekommen seien. Sie seien einfach da gewesen. Nebenbei sollte vielleicht auch nicht unerwähnt bleiben, dass Paul Simon bereits dreimal und Art Garfunkel zweimal verheiratet gewesen war. Aber was bedeutete das schon?

Nora Burhahn wirkte auf ihn zwar uralt, war aber erst sechsundzwanzig und ebenfalls verheiratet. Ihren Mann hatte er nur ein einziges Mal gesehen, als er sie vor der Schule abgesetzt hatte. Er sah eigentlich ganz normal aus, was ihn noch mehr verunsicherte. Wäre in dem Auto ein Typ gesessen wie Marty Feldman, der mit diesen riesigen Glupschaugen, der den Igor in „Frankenstein Junior" gespielt hatte, dann hätte er das ja verstanden, aber der Mann wirkte völlig normal und sympathisch. Das irritierte ihn. Herr Burhahn war eher der Frank-Elstner-Typ. Na ja, dachte er sich, vielleicht hat der arme Mann ja eine Wette verloren.

Nora Burhahn war seine Klassenlehrerin in der Realschule. Nachdem er einmal sitzengeblieben war, wurde er in ihre Kolonie strafversetzt und musste unter ihrer Diktatur mehrere Jahre ausharren. Das Schlimmste an ihr war, dass sie vorgab, lässig zu sein, unkonventionell, eine von ihnen. Sie tat, als wäre sie unangepasst, alternativ und links. Er hatte damals lange Haare, sagte zu Atomkraft „Nein Danke" und zum Schulsystem „Bitte, bitte nicht".

Sie hatte es auf ihn abgesehen wie eine schwarze Krähe auf einen verwundeten, kleinen Spatz.

Als er im letzten Jahr auf der Realschule eine Drei statt einer Vier in Deutsch benötigte, um aufs Gymnasium wechseln zu können, verweigerte sie ihm diese Hilfestellung. Durchaus mit Freude und Genugtuung. Einer der Standardsätze, die sie gern in seine Richtung schleuderte, war: „Wer nichts wird, wird Wirt!"

Diese Frau hatte ihn viele schlaflose Nächte gekostet. Selbst Jahre später noch, als er längst in einem anderen Land lebte, flog die schwarze Krähe hin und wieder durch seine Träume. Er glaubte nicht, dass ihr bewusst war, was sie da angerichtet hatte.

Aber so seltsam das klingen mag, hatte er diesem verbitterten, selbstgefälligen Vogel auch viel zu verdanken. In gewisser Weise hatte diese misslungene Pädagogin doch seinen Lebensweg bestimmt. Wenn sie nicht versucht hätte, seiner vermeintlichen Zukunft ein Bein zu stellen, hätte er sich wohl nicht aufgerafft, um einen völlig anderen, viel mutigeren Weg zu gehen.

Erst 25 Jahre später sollten Nora Burhahn und er einander wieder begegnen. Bei einem Klassentreffen. Die graue Krähe saß am anderen Ende der großen Tafel, umringt von gealterten Schulkindern, die im Laufe der Jahre dick geworden oder deren Haare ausgefallen waren, oder beides. Erwachsene, die so taten, als wären sie wieder Kinder, oder umgekehrt.

Vielleicht gibt es da eine eigene Spezies, den sogenannten „Klassentreffonicus unmündicus": Menschen, die bei Zusammenraufungen dieser Art augenblicklich wieder zu dem bevormundeten Wesen mutieren, das sie damals in der Schule gewesen waren. Augenblicklich nimmt dieser Mensch wieder dieselbe unauffällige Haltung ein und gesellt sich zu der gleichen Clique wie damals. Es fehlt eigentlich nur noch, dass er sein Schulbrot auspackt und gelangweilt irgendwelche Hefte vollkritzelt, während da vorne jemand von Dingen redet, die keinen interessieren. Und sobald die Lehrerin ihm den Rücken zudreht, beginnt er zu quatschen und die anderen mit Papierkugeln zu beschießen.

Seine ehemaligen, nicht frei gewählten Lebenswegbegleiter jonglierten mit leeren Worthülsen und schminkten ihre Lügen bunt. Viele von ihnen sahen aus wie damals, nur hatten das vorgetäuschte Leben, die uninspirierte Arbeit, die drögen Sorgen, die sich spiegelnden Kinder, die leblosen Ehepartner, die erbitterten Expartner, der gehauchte Sex, die verschütteten Wünsche, die erstickten Sehnsüchte, der angehäufte Hass, der zehrende Neid, die unausrottbare Angst, die beklemmenden Hauskredite, die bedeutungslosen Bausparverträge – alles Laster der eigenen Kapitulation – ihnen ein dickes Ventil in den Arsch gerammt und ihnen so derartig viel Druck hineingepumpt, dass sie jederzeit zu platzen drohten, wenn sie jetzt auch nur noch einen einzigen Bissen vom Schweinsbraten oder eine fetttriefende Lebenslüge zu viel in sich reinstopfen würden. Die meisten von ihnen sahen aus wie Menschen, die nie Wirte werden wollten und es doch geworden waren. Natürlich nur im übertragenen Sinne. Nichts gegen leidenschaftliche Wirte.

Vorschnelle oder oberflächliche Blicke in fremde Seelen sind oft falsch und trügerisch. Und doch schien es, als wären nur die wenigsten von ihnen aufrichtig mit sich und den anderen an diesem Abend.

Auf einem Grabstein hatte er einmal folgenden Satz gelesen: „An den Gräbern der meisten Menschen trauert ihr nicht gelebtes Leben.“

Er fragte sich, warum man diese hungrigen Kinder damals in der Schule immer nur mit Angst gefüttert hatte und nie mit Mut. Warum hatte sie niemand darauf vorbereitet, dass das Leben eine Expedition sein konnte? Dass es viel tragischer war, die Expedition, die das Leben für sie bereithielt, zu schwänzen, als die Mathematikstunde? Warum hatte Frau Burhahn ihnen nicht erzählt, dass Dinge glücklich machen konnten, vor denen sie ihre Schüler gelehrt hatte, sich zu fürchten? Warum hatte ihnen niemand den Mut zum Scheitern in die Schultaschen gepackt? Warum bekamen die Angepassten im Zeugnis einen Orden und die Unangepassten einen dunklen Fleck?

Warum hatte niemand zu ihnen gesagt: „Seid tollkühn und vertraut euch! Gebt nichts darauf, was die anderen über euch denken.“ Hatten sie denn im Laufe ihres Lebens nicht begriffen, dass Feigheit auf Dauer unglücklich macht?

Dass Sicherheit nur ein illusorisches und lähmendes Vakuum ist, das sich verantwortungslos und unanständig gegenüber den eigenen Sehnsüchten verhält? Ohne die Unvernünftigen, die Träumer, die Mutigen oder die Abenteurer in uns gäbe es keine Geschichten, keine Bilder, keine gelebten Fantasien.

Er erinnerte sich an eine leicht bucklige, zärtlich zerbrechliche und schiffbrüchige Lehrerin aus blassem Pergament. Sie hieß Gabriele Bückmann, was ihn schon damals amüsierte, weil sie immer so gebückt ging und es ihn überraschte, wie sehr doch die Wirklichkeit die Schwächen der Seele widerspiegeln konnte und sich einen solch schamlosen Witz mit dem ohnehin schon gekrümmten Wesen erlauben durfte. Sie unterrichtete Kunst und Biologie. Was sonst!? Sie hatte die Klasse einmal zu sich nach Hause eingeladen. In ihrem Plattenschrank entdeckte er „Abendland" von André Heller. Sie borgte ihm großzügig die Platte, ohne zu ahnen, dass ihn diese Lieder ein Leben lang begleiten würden.

Auf dem Klassentreffen erfuhr er, dass Gabriele Bückmann seit einigen Monaten als vermisst galt. Sie war nie wieder aus ihrem Urlaub zurückgekehrt. Er wusste nicht, warum, aber bei diesem Gedanken hatte er sich für sie gefreut.

Ganz anders erlebte er seine begrenzte Zeit mit Nora Burhahn.

Im Laufe des Klassentreffens tastete er sich zur schwarzen Krähe vor. Auf dem Weg dorthin erfuhr er viel Zuspruch. Jeder und jede stimmte ihm zu, wie schwer er es doch damals gehabt hatte und wie ungerecht er behandelt worden war. Eine Begegnung auf dem Weg zum Krähennest war allerdings beeindruckend. Die blauäugige Wiebke, deren Haare noch immer so schlohweiß waren wie damals, gestand ihm, dass sie es immer gehasst hatte, das Liebkind von Nora Burhahn zu sein. Ihr Aufenthaltsort war jahrelang die erste Reihe, direkt am Lehrerpult. Sie war diejenige, die immer ausgezeichnet, immer hervorgehoben wurde, an der man sich ein Beispiel nehmen sollte. Sie war natürlich ein Feindbild für die wenigen Revolutionäre in der Klasse. Jetzt gestand sie ihm, dass sie ihn immer darum beneidet hatte, dass er seinen Mund aufgemacht hatte. Da saßen sie nun und begriffen, dass ihnen Rollen zugeteilt worden waren, die sie beide nicht spielen wollten. Die Schöne und das Biest.

Als er schließlich im Nest der Krähe landete und ganz unschuldig nur begreifen, erfassen und lernen wollte, als er einfach in Erfahrung bringen wollte, ob er denn damals so ein schlimmer Schüler gewesen war, ob es an ihm gelegen hatte, dass sie so viele Konflikte hatten, wurde er lapidar mit einem Flügelschlag abgeschmettert, und es dauerte nur wenige Sekunden, bis die Schulklasse wieder geschlossen hinter der Frau Lehrerin stand und sich darüber aufregte, dass er schon wieder Unruhe in die Klasse bringen musste. Dabei gab es doch gar keine Noten mehr zu verteilen, keine Einträge ins Klassenbuch, kein Nachsitzen. Nichts. Und doch mutierten wieder alle zu dem, was sie damals schon waren.

Aber was noch viel schlimmer auf ihn wirkte, war die Tatsache, dass dieses lächerliche Tweed-Sakko mit dem Stonehenge-Gebiss damals so viel Macht über ihn gehabt hatte. Jetzt, auf Augenhöhe, begriff er, dass diese böse Krähe eigentlich nur ein kleiner, grauer Spatz war. Ein paar wenige rhetorische Spitzfindigkeiten hätten genügt, um diesen dummen Vogel von seinem hohen Ast zu blasen. Aber selbst das war ihm in diesem Moment das verbitterte Vögelchen nicht mehr wert. Eine fürchterliche und zugleich beruhigende Ohnmacht. Dieses unsichere, vor der eigenen Aufrichtigkeit flüchtende Vögelchen hatte sich selbst irgendwann die Flügel

gestutzt und konnte gar nicht anders, als all diejenigen
zu hassen, die den unerschütterlichen Willen hatten, zu
fliegen.

> *When you're weary, feeling small*
> *When tears are in your eyes, I'll dry them all (all)*
> *I'm on your side, oh, when times get rough*
> *And friends just can't be found*
> *Like a bridge over troubled water*
> PAUL SIMON

# Olga Konjunktinova

Die Sonne schien Plüsch und die Luft schmeckte nach Ahornsirup, und er schwob auf einer Wolke aus Zuckerwatte und flogte mit seiner Prinzessin direkt ins Plüsch, und sie lagten auf Laken aus Tau und verbundeten ihre Seelen – und sie strichte ihm leise durchs Haar und schworte ihm ewige Liebe – und dann kamte er drauf, dass sie verheiratet war, und erlott einen psychotischen Schub.

## Paula – Filetiertes Frauenherz

Wenn ich irgendwann von Dir ginge,
verlöre ich mein Gesicht.
Würde stürzen aus heiterem Himmel
in ein trübes Nachmittagslicht.

Ob ich Dich zum Abschied umarmte?
Mag sein. Doch ich spräche kein Wort.
Und ich liefe nicht unruhig umher,
sondern bestenfalls möglichst schnell fort.

Vielleicht stündest Du oben am Fenster.
Ich drehte mich aber nicht um.
Würde nur im Weitergehen flüstern:
Du verstündest ja doch nicht, warum.

Denn ich hätte zu viel noch zu sagen
und wäre mit vielem im Recht.
Würde manches uns beiden erklären
und verstünde mich selbst nur sehr schlecht.

Ich ließe Dir sicher die Wohnung.
Was geschehen wollte, geschah.
Und war nicht genug, dazu waren
wir einander in vielem zu nah.

Ich säße im Café an der Ecke
und dächte: Was hast Du gemacht!?
Und fände darauf keine Antwort.
Und dann käme ganz plötzlich die Nacht.

Im Park, wo wir immer spazierten,
stünde ich dann, einsam und dumm.
Zwischen sinnlosen Rosenbeeten
fiele ich irgendwann einfach um.

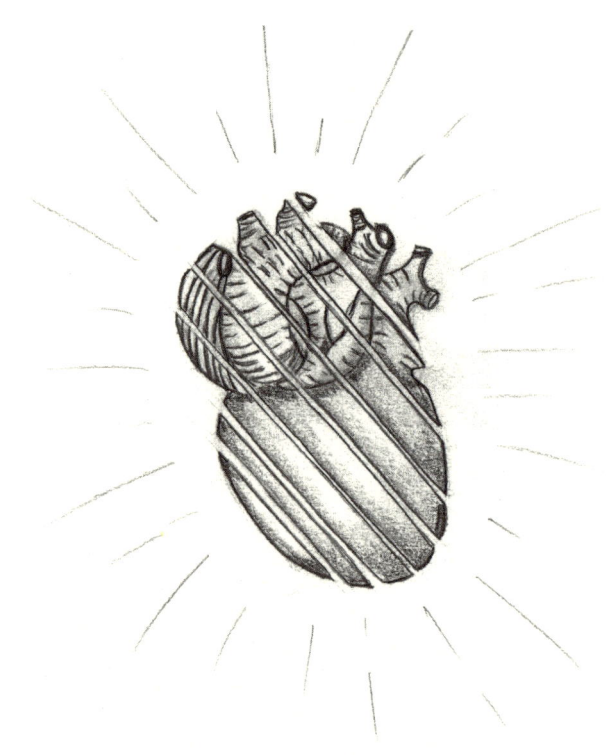

Beim Lesen dieser Zeilen musste er immer an Paula denken, mit der er im achten Wiener Gemeindebezirk acht Jahre lang eine Dachwohnung bewohnt hatte. Immer, wenn er diesen Text las, sah er sie da oben am Fenster stehen und sich selbst sah er gehen, ohne sich nach ihr umzudrehen...

Die Wohnung lag gegenüber einem Park und hatte Fenster in den Dachgauben. Einmal sah er an einem Montagmorgen vom Küchenfenster aus einen kleinen Jungen im Park neben einem Rosenbeet sitzen und er wunderte sich, warum der Junge nicht in der Schule war. Dann nahm der Junge ein Papiersackerl und schniefte daran. Klebstoff. Er dröhnte sich zu. Er sah ganz normal aus, nicht heruntergekommen, ein sympathischer, etwa 12-jähriger kleiner Kerl, sofern man das aus dem dritten Stock beurteilen konnte.

Einsam und dumm.

Paula war acht Jahre älter als er und von den Männern und vom Leben enttäuscht. Besonders von ihrem Vater, der an sich ein sympathischer, älterer Herr war, ihr aber nie etwas zugetraut hatte.

Er liebte es, wenn ihre von Krieg und Entbehrungen geprägten Eltern aus ihren Urlauben berichteten. Da hieß es dann: „Du, Wiener Schnitzel mit Gurkensalat plus Beilage um 35 Schilling" oder: „Schweinsbraten, Knödel und Sauerkraut um 48 Schilling, da kann man wirklich nichts sagen." Sie definierten die Qualität ihrer Urlaube immer nur über das Essen und dessen Preise. Er hatte eigentlich nie erfahren, ob es dort schön war, wo sie Urlaub machten. Ob die Sonne schien oder nicht.

Paula war immer darauf bedacht, dass bei jeder Anschaffung, die sie gemeinsam tätigten, klar war, wer was bezahlt hatte, damit im Falle einer Trennung keine Streitigkeiten entstehen würden. Kurz bevor er die Zeilen zu diesem Lied sang, sagte sie zu ihm: „Wenn du jetzt gehst, brauchst du nie wiederkommen!"

Er ging mit zwei Plastiktaschen. Das war es. Den Rest behielt sie. Aus ihrer Sicht wohl eine faire Maßnahme, nachdem sie behauptet hatte, er hätte ihr Herz in Scheiben geschnitten und filetiert. Er hielt das für eine seltsame Beschreibung. Filetieren heißt, dass man die ungenießbaren und die unerwünschten Teile entfernt. Das hatte sie eigentlich bei ihm versucht. Er hatte sie immer so gelassen, wie sie war. Na gut, das mit dem „in Scheiben geschnitten" war nicht ganz falsch. Symbolisch.

Er glaubte nicht, dass Paula jemals das schlechte Gewissen geplagt hatte wegen der Möbel, des Fernsehers oder all den anderen Sachen. Das war in ihren Augen gerecht. 230 Gramm Frauenherz in Scheiben geschnitten können schon mal ein paar tausend Euro kosten.

Vielleicht erzählte sie ja einmal einem neuen, unverbrauchten Mann von ihm: „Du, Sofaecke, Farbfernseher und Küchentisch plus Beilage um 230 Gramm Herz, da kann man wirklich nichts sagen."

Ihre gemeinsamen Urlaube waren immer sehr schön und es schien sehr oft die Sonne.

# Quanita – Die falsche Diät

Quanita studierte Hirnforschung und war trotzdem sehr schön. Sie war leicht übergewichtig, hatte puertoricanische Eltern, bevorzugte Nougatschokolade und ihn. Mal in dieser Reihenfolge, mal in der anderen.

Sie verstand es, ihm auf wunderbar romantisch-wissenschaftliche Weise zu erklären, dass sie in ihn verliebt war. Er wusste nicht, ob er es als Kompliment nehmen sollte, als sie meinte, dass man ihren derzeitigen Überschwang an Gefühlen auch rein wissenschaftlich als kurzfristigen Hirnschaden bezeichnen könnte.

Dann deutete sie auf ein großes Stück Schokolade, schob es sich in den überaus sinnlichen Mund und erklärte ihm, dass es Phenyläthylamin enthalte.

Den gleichen chemischen Stoff, den das Gehirn produziere, wenn sich ein Mensch verliebe. Es erhöhe den Energieausstoß des Körpers, beschleunige den Herzschlag und führe so zu einem glücklichen, leicht träumerischen Erleben.

Streng wissenschaftlich betrachtet war es also egal, ob sie ein Stück Schokolade aß oder ihn küsste.

Sie erklärte ihm, wenn der Mensch verliebt sei, sei er in einer Art Ausnahmezustand. In seinem Hirn liefen hochkomplexe, biochemische Prozesse ab. Wesentlich beteiligt daran seien Hormone und Botenstoffe wie der Neurotransmitter Dopamin sowie die Hormone Serotonin, Oxytocin oder das bereits von ihr erwähnte Verliebtheitshormon Phenyläthylamin, kurz PTC.

Sie lagen nackt in seinem Bett. Während sie ihm mit voller Begeisterung von einer Studie der Anthropologin Helen Fisher berichtete, setzte sie sich sanft auf ihn.

Fisher hatte Verliebte einfach in eine MRT-Röhre geschoben – bei diesen Worten stöhnte Quanita leicht auf –, dann hatte man ihnen Fotos ihrer Partner gezeigt. Dabei aktivierte sich unter anderem das Belohnungssystem sehr stark. Quanita griff nach der Schokolade und bewegte sich dabei hin und her.

Andererseits meinte sie, während sie genussvoll die Schokolade schmatzte, dass sich der präfrontale Cortex, wo die rationalen Entscheidungen getroffen würden, besonders ruhig gezeigt hatte.

Ebenso wurden jene Bereiche weniger durchblutet, die mit Angst und kritischen Bewertungen in Verbindung gebracht wurden. Diese Meinung konnte er in diesem Moment nicht wirklich teilen. Im Gegenteil. Unvermittelt rollte sie sich von ihm ab und kommentierte dann trocken, dass auch der heftigste Hormonrausch und die erste Phase der Verliebtheit nach 18, längstens nach 30 Monaten überstanden wären.

Sie setzte sich auf und zog ihre Bluse an.

Dann würden wieder andere Substanzen im Körper die Herrschaft übernehmen. Er erfuhr, dass Hormone, die bei Verliebtheit aktiv seien, sich deutlich von jenen unterschieden, die in langjährigen Partnerschaften wirkten.

Dazu zählten etwa das Treuehormon Vasopressin, das ebenso wie Oxytocin die Bindung zweier Menschen unterstützte. Bei Ersterem würde unter anderem eine der Fortpflanzung dienende Attraktivität versprochen.

Quanita nahm das Präservativ, legte es ins leere Schokoladepapier und knüllte beides zusammen. Kurz bevor sie ging, meinte sie noch, dass eine langfristige Bindung über die Fortpflanzung hinausginge. Prärie-Wühlmäuse blieben zum Beispiel ein Leben lang zusammen, während Wiesen-Wühlmäuse ständig ihre Partner wechselten.

Eine Woche später bekam er eine völlig überraschende SMS von ihr:

*„Es ist aus. Ich liebe dich nicht mehr. Entschuldige."*

Sie hätte die Schokolade-Diät nicht machen sollen.

*Einige Jahre später wurde ihm zugetragen, dass Quanita mit einem um 14 Jahre jüngeren Mann in einem Haus zusammenwohnte, das der Vater des jungen Mannes ihr geschenkt hatte.*

## Rosa – Nicht immer Sonne

Im Park, wo wir immer spazierten,
stünde ich dann, einsam und dumm.
Zwischen sinnlosen Rosenbeeten
fiele ich irgendwann einfach um.

Doch nein, er fiel nicht in ein sinnloses Rosenbeet, sondern in Rosas Bett.

Dort suchte er Unterschlupf, während ihre Mutter Dorothea im Nebenzimmer das Leben und sich selbst bedauerte. Eigentlich hatte er Rosa über ihre Mutter kennengelernt. Sie lebte glücklich getrennt und doch noch irgendwie unglücklich vereint mit und ohne Rosas Vater und hatte sich von ihm zumindest eher erhofft, dass er sie und nicht ihre erwachsene Tochter beglückte.

In ihren Augen schlief er wohl im falschen Zimmer.

Rosa schmeckte an den entscheidenden Stellen nach Ahornsirup und war ein wunderschön anzusehender, farbenfroher Schmetterling. Sie nahm das Leben leicht und flog nach Lust und Laune von einer Blüte zur anderen. Für ihn war sie eine große kleine Königin, eine Kindheitensammlerin, eine unermüdliche Sich-selbst-Veränderin, eine humorgesegnete, blauäugige junge Dame mit großen Talenten, großen Ängsten und einer spitzbübischen Gewitztheit, gepaart mit tiefer Klugheit.

Keine Ahnung, wie Dorothea, eine brüchige, wie aus Schatten gewobene Frau, einst ein solches Wunder an Lebensfreude gebären konnte. Dorothea erinnerte ihn an Bukephalos, das Streitross Alexander des Großen. Es galt als unreitbar, weil es sich vor seinem eigenen Schatten fürchtete. Nur Alexander dem Großen soll es gelungen sein, den „Ochsenköpfigen" zu reiten. Ihm schien, dass Dorothea ihrem persönlichen Alexander noch nicht begegnet war, der ihr die Angst vor den eigenen Schatten hätte nehmen können.

Bella war seinerzeit zu ernst und gewissenhaft gewesen, in ihren Begierden dunkel und abgründig. Ihr Pessimismus erinnerte ihn an seine Mutter. Bei ihr fühlte er sich geborgen und gleichzeitig verdorben.

Olga war ein unverlässliches, unberechenbares und betrügerisches Miststück, das im Vollrausch gern in Konjunktiven badete und sich ganz ohne Grund rücksichtslos totlachen konnte.

Paula war enttäuscht von ihrem Vater und somit notgedrungen auch von ihm, und Annette war schlichtweg zu gut für ihn.

Aber Rosa, Rosa war die Richtige. Leider sah sie das anders.

Sie ließ ihn in seinem Regen stehen und blieb lieber allein unter ihrer eigenen Sonne. Sie wollte sich nicht in den Schatten von Annette, Bella, Quanita, Olga oder Paula auf die Sommerwiese legen. Er hatte sehr gelitten, als sie ihn zurück in den Regen stellte.

Wie gut, dass er ihr nichts von all den anderen erzählt hatte.

Rosa war keine Frau fürs Gewitter. Aber wer weiß. Vielleicht wird es ihr irgendwann gelingen, dem Gewitter zu trotzen und dem richtigen Mann unter ihren Blättern Schutz vor seinem Regen zu bieten. Trotz ihrer schönen Dornen.

# Stella – Herzfüllung

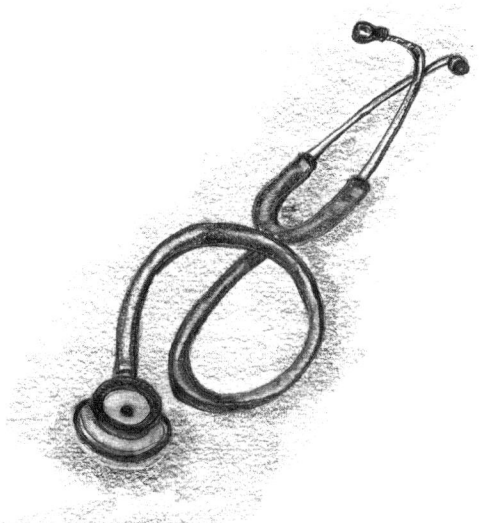

Sie studierte Medizin und kellnerte nebenbei im Theater. Er spielte dort, vor über 20 Jahren, den Don Quichotte.

Im Publikum saßen seine ältere Bekannte Gertraud und sein damals noch völlig unbekannter Freund, der inzwischen ein berühmter Fernseharzt geworden ist. Dieser Freund hat, ähnlich wie Dr. Brinkmann in der Schwarzwaldklinik, die Rolle inzwischen so inhaliert, dass er sich in dessen Gegenwart immer gut und sicher betreut fühlt.

Er hätte einmal für ihn und seine Arztserie ein sogenanntes Weihnachts-Special schreiben sollen, aber seine Fantasie hatte dafür nicht ausgereicht. Der Sender hatte dann ein anderes Special gemacht. Der Doktor war mit einem Spenderorgan hoch über den Bergen Tirols aus dem Hubschrauber gesprungen und dann auf Skiern zu einer Hütte geeilt, um dem Todkranken dort das rettende Organ einzupflanzen.

Wie gesagt, seine Fantasie hatte nicht gereicht.

Wenn er an Gertraud dachte, dann musste er immer an eine Geschichte denken, die sie ihm einmal anvertraut hat. Sie war 25 Jahre lang die Geliebte eines verheirateten Mannes gewesen. Als dessen Frau starb, dachte sie, dass das Versteckspiel nun vorbei sei und sie ihre Liebe offen leben könnten. Er heiratete eine andere, bot ihr aber großzügig an, auch weiterhin seine Geliebte zu bleiben.

Das hat ihr das versteckte Herz gebrochen.

Stella, die damals Medizin studierte, ging nach Dienst- und Vorstellungsende mit Don Quichotte und dem angehenden Fernseharzt aus. Sie zogen durch die Nacht und landeten schließlich in einem abgewetzten Lokal. Der ehemalige Ritter von der traurigen Gestalt und der zukünftige Fernseharzt warben sehr charmant um die liebenswerte Stella.

Das gefiel ihr.

Sie hatte ein kleines Muttermal, einen Schönheitsfleck. Wie Marilyn Monroe. Das gefiel dem Ritter. Schließlich stellten ihr die beiden frei, mit wem von ihnen sie nach Hause gehen wolle. Denn dass sie nicht allein gehen würde, war klar. Dass sie auch gleich beide hätte mitnehmen können, kam ihnen nicht in den Sinn. Sie entschied sich für den Ritter.

Sein Freund nahm es mit Humor und er mit Stolz.

In Stellas Studentenbude lagen rund ums Bett zahlreiche Fachbücher zum Thema Aids. In dieser Sekunde wusste er, dass es nicht zu dem kommen würde, zu dem es sonst so kommt, wenn man wohin mitkommt. Er sollte recht behalten. Nach schönen Küssen und erleichternden Berührungen schliefen sie ein.

Am nächsten Tag ging er wieder aus ihrem Leben.

Zwanzig Jahre später sollten sie einander wieder begegnen. Sie – im Gegensatz zu ihrem gemeinsamen Freund – war inzwischen eine echte Ärztin. Und er war der, der er immer war – nur anders und mit weniger Haaren.

Vielleicht hatten sie noch eine offene Rechnung zu begleichen. Vielleicht glaubten sie auch, dass ihre Geschichte noch nicht zu Ende erzählt war. Wie auch immer. Sie rekapitulierten die letzten Jahrzehnte, schöpften aus Erinnerungen und projizierten ineinander Hoffnungen und Wünsche, die andere bisher nicht erfüllen wollten.

Ein hilfloser Versuch, der nur scheitern konnte. Auch wenn sich der freie Fall sehr schön anfühlte.

Vielleicht ist ihre Geschichte jetzt schon zu Ende erzählt, ohne dieser Nacht vor 20 Jahren ihr erhofftes Ende gegeben zu haben. Vielleicht war alles auch genauso richtig, wie es war. Oder Stella ist damals doch mit dem Falschen heimgegangen. Denn dann hätte sie jetzt vielleicht den Richtigen wiedergetroffen. Einen, der für sie hoch über den Bergen aus dem Hubschrauber gesprungen wäre und ihr unerfülltes Herz hätte heilen können.

Vielleicht …

# Tinda – Wisch & weg

Wenn er durch Wien geht, durch die Hofburg oder über den Stephansplatz am Dom vorbei, und die Japaner ihre langarmigen Selfies schießen, dann fragt er sich manchmal, wie oft er wohl im Hintergrund durch eines dieser Fotos schleicht. Vielleicht ist er gerade schlecht gelaunt, ein anderes Mal telefoniert er, ein nächstes Mal ist er gehetzt oder gelangweilt. Und dann packen sie ihn in ihr Handy und nehmen einen Hauch seiner Seele in einem iPhone 7 mit nach Osaka, Kyoto oder Yokohama.

Auf all seinen Reisen, egal, wo er war, haben unzählige Menschen Fotos von sich, von den Kirchen, den Plätzen, den Affen oder was auch immer gemacht. Als Erinnerung. Egal, ob es sich um Japaner, Russen, Kosaken, Kasachen, Amerikaner, Deutsche oder Österreicher handelte.

Hin und wieder denkt er: „Irgendwo bin ich irgendwie ungewollt verewigt. Ich verstaube auf der ganzen Welt, völlig unerkannt, liege mit mir völlig unbekannten Passanten in irgendwelchen Fotoalben herum, bin in Computern archiviert, komplett gelöscht, im Papierkorb gelandet oder schlecht retuschiert."

Vielleicht schleicht er sogar durch das eine oder andere Hintergrundbild auf einem Handy in Kathmandu. Obwohl sich dabei niemand für ihn interessiert. Niemand nimmt ihn wirklich wahr. Da sagt niemand: „Ist das nicht der gefühllose Arsch, dem seine Freundin direkt vor der Hofburg ihr Jeanshemd vor die Füße geworfen hat, als wir da gerade auf Sightseeingtour waren? Wisst ihr noch? Der hat uns doch gefragt, ob wir eine Nietzange dabeihaben ..."

Er kann sich erinnern, in irgendeinem amerikanischen Western einmal gehört zu haben, wie ein Apache sagt, dass Fotos die Seele raubten.

Eine erleuchtete Esoterikerin hat einmal gemeint, dass das vom Menschen reflektierte Sonnenlicht vom Kosmos dringend benötigt wird, weil sich das Universum in uns widerspiegelt. Sie war der Auffassung, dass jedes einzelne Foto den Menschen immer mehr von ihrem Glanz nimmt, dass sie irgendwann verblassen und der Kosmos sich völlig verdunkeln wird. Das hatte er entweder aus einer deutschen Talkshow zum Thema „Spirituelle Egozentrik" oder aus einem Bildband beim Libro, kombiniert mit seltenen Fotos von Sonnenuntergängen.

Seitdem beschäftigt es ihn nachhaltig, was mit seinen Bildern passierte.

Einmal zum Beispiel hatte sich ein Foto von ihm in eine Dating-App verirrt.

Er wusste nicht, wie, aber er war plötzlich in diesem fremden Handy. Eine Frau mit langen roten Fingernägeln, die unglaublich laut und schnell wie krabbelnde Kakerlaken auf dem Glas klackerten, öffnete die App und wischte ihn kichernd, während sie mit ihren Freundinnen Prosecco schlürfte, mit einem Zug weg, bevor er auch nur bei ihr das Geringste entzünden konnte. Es ging alles so schnell. So nebenbei. Er hatte gar keine Chance.

Noch bevor er überhaupt etwas sehen und sich in Pose werfen konnte, war er auch schon wieder weggewischt und landete in irgendeiner virtuellen Mülleimer-Wolke mit zahlreichen anderen abgelegten Typen. Da lagen sie dann herum in ihren Fotos und hofften auf neue Chancen.

Ein Typ mit einem zugegebenermaßen wirklich beschissenen Foto erzählte ihm, dass er schon seit über einem Monat durch die App schwirre und noch kein einziges Mal nach rechts gewischt wurde. Immer nur nach links. Und links heißt nun mal raus.

Auf einem anderen Foto sah ein Typ aus wie ein riesiger Penis. Er fragte den Penis, ob er sich damit ernsthaft Chancen ausrechnen würde. Ob das nicht eine Spur zu direkt wäre. „Nee, Alter", meinte dieser, „das funktioniert super. Ich bin ja nicht blöd. Das ist ja nicht meiner."

Das erklärte auch das Bild von Bruce Willis gleich neben seinem eigenen. Als er das Foto darauf ansprach, klagte Bruce ihm sein ganzes Leid. Wie oft er für so etwas missbraucht würde und nichts dagegen tun könne. In diesem speziellen Fall hier verberge sich hinter seinem Foto eigentlich ein ziemlich verklemmter, schmalschultriger Riese mit einer großen Nase und einem lächerlichen Trauma.

Gerade, als er sich von Bruce ein Autogramm geben lassen wollte, machte es wieder plopp und er landete auf einem anderen Handy. Er erschien hinter einer großen, von Fettfingern verschmierten Glasscheibe eines Samsung Galaxy S6. Durch das verschmierte Glas sah die Frau auf der anderen Seite aus wie in „Bilitis" von David Hamilton. Allerdings dürfte sie, genau wie der Film, ihre beste Zeit 1977 gehabt haben. Die Frau, die ihn oder, besser gesagt, das Handy hielt, betrachtete ihn kritisch. Er witterte seine Drei-Sekunden-Chance. Er war davon überzeugt, dass er nur mit einem „Match" aus dieser App in die Freiheit entfliehen konnte.

Er klopfte verzweifelt gegen die Scheibe und machte ihr notgedrungen ein Kompliment, aber sie hörte ihn nicht. Sie setzte Mittelfinger und Daumen aufs Glas, so als würde sie seinen Kopf umfassen, und schon zog sie ihre fettigen Finger gleichmäßig auseinander. Es war als würde sein Hirn gedehnt und schließlich explodieren. Ihre schmierigen Finger wanderten wie die Tentakel eines Tintenfisches weiter übers Display. Was war jetzt los? Sie griff ihm auf die Hose, genau in Beckenhöhe, und zoomte sich seinen Schritt heran. Oh Gott. Wo war er hier gelandet?

Eine Sekunde später hatte sie ihn abschätzig nach links gewischt.

Und so ging es ununterbrochen weiter. Einmal wurde er sogar von seiner Ex-Ex-Ex-Freundin Paula bespuckt, als sie ihn erkannte. Eine Andere lachte laut auf, die Nächste begann unvermittelt zu weinen, die meisten aber wischten ihn und all die anderen Typen einfach weg, ohne auch nur einen Gedanken daran zu verschwenden, dass sich hinter jedem dieser Fotos eine Lebensgeschichte verbarg.

Dann gab es wieder Frauen, die verzweifelt jedes Foto nach rechts wischten, in der Hoffnung, auch nur irgendeinen Treffer zu erzielen. Als schließlich sogar Rosas Mutter Dorothea unvermutet vor ihm auftauchte und ihr beim Anblick seines Fotos die Tränen einschossen, rührte sie sein Herz. Sie versöhnten sich innerlich und hielten eine kleine virtuelle Ewigkeit inne. Dann wischte sie ihn zärtlich nach rechts, obwohl sie genau wusste, dass er ihr „rechts" nie erwidern würde.

Er stellte sich vor, wie all das hier wohl weiterginge. Wenn sich zwei Fotos begegneten, ganz real, vielleicht miteinander essen gingen und dann merkten, dass es irgendwie nicht passte. Weil das Gegenüber schmatzt oder langweilig ist oder so lange braucht, um zu bestellen, oder mit dem Zahnstocher im Mund herumpult oder doch nicht so aussieht wie Bruce Willis oder eh ganz okay ist, aber vielleicht gibt es einen, der ja noch „okayer" ist oder noch viel, viel „okay-er-er-er-er".

Was tut man dann? Beugt man sich im Restaurant einfach nach vorn über den Tisch und wischt sein Gegenüber mit einer schnellen Handbewegung nach links? Wisch und weg?

Der Nächste bitte. Die Nächste bitte.

Immer mit dem Hintergedanken, dass es in dieser kleinen App in dem Handy am Tisch, gleich neben dem Teller, ohnehin genug Nachschub für die Unersättlichen gibt. Dass man nie wirklich zufrieden sein muss, weil ja immer noch was Besseres nachkommen könnte? Warum also sich vertiefen? Warum sich bemühen?

Warum sich auf einen langen, beschwerlichen Fußmarsch durch den Seelendschungel des anderen bege-

ben, wenn man genauso gut mit einer einzigen Wisch-
bewegung über den fremden und den eigenen Dschungel
hinwegfliegen kann.

Oder sah er das alles zu düster!? Verdunkelte sich sein
Universum schon?

Vielleicht fürchtete er ja, dass unsere Seelen nur im Gegenüber wachsen, glänzen und sich spiegeln können, und
wir selber mit jedem ignoranten Wischer mehr und mehr
verblassen, bis am Ende nichts mehr von uns übrig bleibt,
als ein dunkler, leerer Raum.

# Ulla – Der Handschuh

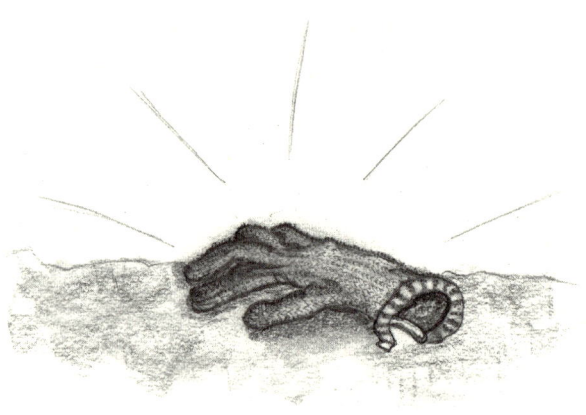

Ihre Herzen waren müde und erschöpft nach den vielen gemeinsamen Jahren und sie konnten es einander nicht verübeln. Die Liebe war ihnen abhandengekommen wie ein Handschuh, der sich bei einem nasskalten Strandspaziergang heimlich aus der Tasche stiehlt und seine bessere Hälfte der Nutzlosigkeit überlässt. Sie hatten sich am Leben abgerieben und abgeschliffen. Ihre Haut war nicht dünner geworden, im Gegenteil. Vieles prallte ab, Narben bewahrten verlässlich Erinnerungen auf und beschützten die beiden vor neuerlichen, unrühmlichen Erfahrungen. Sie hatten gemeinsam viele Unsterne bereist und waren dadurch eins geworden. Aber im gleichen lebenslangen Atemzug verloren sie auch die Lust aneinander. Früher kam und ging die Leidenschaft noch wie das Meer. Aber jetzt herrschte nur mehr Ebbe. Sie hatten sich im Nebel verloren.

Sie spazierten am Strand von Grado entlang. Hier hatte alles seinen Anfang genommen. Hierher hatten sie vor vielen Jahren ihre erste gemeinsame Reise unternommen, seither kehrten sie Jahr für Jahr, Sommer für Sommer zurück, erst ohne Kinder, dann mit Kindern, dann wieder ohne. Das Leben, die Liebe, der Mensch, die Hand, die Umarmung, das Hotel, der Parkplatz, das Essen, die Kleidung, die Sonnenliege, das Lachen, das Schweigen, die Gespräche, die Geschichten und besonders die Gewohnheit waren zur Gewohnheit geworden. Ihr Leben schien zu schlafen und sie wagten nicht, es zu wecken. Ihnen fehlte der Mut, die vernarbten Erinnerungen aufzureißen und die Träume und Sehnsüchte in die Gegenwart zu entlassen. Wenn sie so empfanden, dann blickten sie immer aufs Meer, in die Ferne. Sie blickten einander dabei nie in die Augen. Vielleicht aus Angst, sich darin zu verlieren. Dabei hätten sich ihre Sehnsüchte darin nur widergespiegelt und gefunden. Aber das wussten sie nicht.

Dann fanden sie den Handschuh. Am Strand.

Ein scheinbar nichtssagender Handschuh, aus roter Wolle, vom Meerwasser salzdurchtränkt, womöglich angeschwemmt. Der Zeigefinger löchrig. Aber vielleicht war es auch jener Handschuh, den sie vor einigen Jahren hier an diesem Strand verloren hatten, als sie erkannten, dass ihre Liebe sich wie der Nebel über Grado still und heimlich verflüchtigt hatte. Damals beschlossen sie, auch weiterhin ein gemeinsames Leben zu leben. Und so überließen sie die Liebe der Gewohnheit.

Von diesem Tag an war jedoch alles anders.

Es begann damit, dass er entgegen aller Gewohnheiten am frühen Morgen beschloss, frisches Brot, Käse und Salami einzukaufen. Und weil er schon einmal dabei war, Gewohnheiten zu brechen, entschied er auch, gleich einen anderen Weg zu nehmen. Kurz vor der Bäckerei fiel ihm ein Café auf, das er bis dahin nicht bemerkt hatte, und er beschloss, auf einen ersten schnellen Cappuccino und ein

Brioche einzukehren. Seltsam, ihm war dieses kleine Lokal nie aufgefallen, obwohl er doch schon seit über zwei Jahrzehnten nach Grado kam.

Die Frau fiel ihm sofort ins Herz. Noch bevor er bestellen konnte. Sie lehnte gelassen an der Theke. Vielleicht lag es an dem roten Wollhandschuh, den sie trug. War sie womöglich die Frau, zu der der andere Handschuh gehörte? War so etwas möglich? Solch ein Zufall? Er griff vorsichtig in seine Hosentasche und zog den Handschuh heraus, den er und seine Frau am Tag zuvor am Strand gefunden hatten. Er schob ihn behutsam über die Theke in die Richtung der Unbekannten. Die Frau lächelte verwundert, schien irritiert. Dann zog sie ihn sanft über ihre Hand, als gleite sie mit Hilfe des Handschuhs durch ein Schlupfloch in eine andere Zeit. Ihm schien, als würde ihr ganzer Körper, ihr Sein, ihre Geschichte, ihre Gegenwart, wie durch einen Schlund in ein anderes Universum tauchen, um dann als mutige Seele, die ihr verkümmertes Ich hinter sich gelassen hatte, wieder zu erscheinen.

Ihr Lächeln verzauberte ihn.

Er konnte nicht anders, als sie zu küssen. Sein Herz erschien ihm wie ein alter Dampfkessel, in dem endlich wieder Feuer entfacht wurde. Das also war das, was er schon so lange vermisst hatte: das Leben. Die Liebe. Das Verliebtsein. Der Duft einer Frau. Von null auf hundert. Dieses süchtig machende Gefühl, dass du von einer Sekunde auf die andere zu allem fähig bist. Dass du bereit bist, dein sicheres Leben an Bord zurückzulassen und augenblicklich gewillt bist, über die Reling in die unbekannten Fluten zu springen. Dein Herz gewinnt die Oberhand und dein Verstand scheint entmündigt.

Sie liefen gemeinsam ans Meer, liebten sich verstohlen in den Dünen und kicherten dabei wie Kinder. Sie ertasteten einander sanft, fuhren gütig mit den Fingerkuppen

Lebenslinien entlang, erkundeten Narben und streichel-
ten Wunden.

Sie sprachen lange kein Wort, vergruben alte Gewohnheiten im Sand und blickten sich hin und wieder in die Augen.

Er berichtete von seiner Frau und sie von ihrem Mann.
Dabei betrachteten sie traurig das Meer und vergaßen
die Flut. Sie saßen im Sand, im Wasser, und hielten sich
bei den Händen. Lange Zeit. Dann fassten sie einen Ent-
schluss.

Sie gingen nach Hause und trugen die anderen zu Grabe.
Endgültig und für immer.

Als sie erleichtert loszogen und alles hinter sich ließen,
die Gewohnheiten, ihre abhandengekommene Liebe, ihr
schlafendes Leben, ihre Feigheit und Grado, da meinte
sie, dass die Idee, die sie gestern gehabt hatten, als sie da
standen, am stürmischen Meer, wohl die beste ihres ganzen Lebens war. Sich neu zu erfinden und sich einfach ein
anderes Leben überzustülpen wie einen Handschuh …

# Vivi Bach – Das rote Meer

Ihr Schwarz-Weiß-Fernseher hatte ein Holzrollo, das man von beiden Seiten zuziehen und versperren konnte. Keine Ahnung, warum. Das einzig Pornografische, an das er sich erinnern konnte, war die transparente Bluse in „Wünsch dir was" mit Vivi Bach und Dietmar Schönherr. Das war 1970. Da war er gerade einmal sechs Jahre alt.

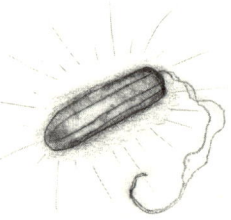

Einige Jahre später verstörten ihn andere Sachen. Da gab es eine Werbung, von der er nicht begriff, wofür die eigentlich warben. Da war ein moderner Konferenzraum mit großen Fensterscheiben. In dem Raum saßen einige Männer und zwei Frauen. Während die Männer klug daherredeten, verständigten sich die Frauen stumm. Dann griff die eine unauffällig in ihre Handtasche, holte eine kleine weiße Packung heraus und schob sie der anderen Frau verstohlen unterm Tisch zu, worauf diese leise hinausging. Dann sagte eine unsichtbare, verständnisvolle Stimme: „O.B. Natürlich und sicher."

Aus irgendeinem Grund spürte er, dass er seine Mutter nicht fragen konnte, worum es da ging. Es war irgendetwas Beschämendes, irgendetwas, worüber man nicht sprach, und es sollte noch einige Jahre dauern, bis er begriff.

Im Laufe seiner Pubertät hatte er viele seltsame Gedanken und Fantasien. Diese Zeit ist ja eine Reise zum Mond, auf der die Sterne nichts als eitrige Pickel sind. Du verlässt den vertrauten Planeten Kind, um ein paar Jahre lang völlig orientierungslos durchs Universum zu irren.

Die Erdanziehung ist irgendwann beim Teufel, der Boden wird einem unter den Füßen weggezogen, niemandem gefällt dein Raumanzug, deine Eltern sprechen eine fremde Sprache und verhalten sich wie feindliche Klingonen, die vergessen haben, dass sie auch einmal in der Pubertät waren.

Abgesehen davon hast du die längste Zeit keine Ahnung, wo die Reise überhaupt hingeht. Dann landest du schließlich und eher rein zufällig auf dem Planeten der Erwachsenen und bist von da an nur von einem einzigen Gedanken besessen: „Wie komme ich hier je wieder weg!?"

Während dieser Zeit kam ihm zum Beispiel einmal in den Sinn, dass jeder Mensch ein Orgasmus ist. Dass er nur lebt, weil sein Vater einen Orgasmus hatte. Er sah plötzlich nur noch Fleisch gewordene Orgasmen. Einkaufsstraßen voller Orgasmen. Lehrer, Mitschüler, Verwandte. Alles und jeder und jede war ursprünglich ein Orgasmus gewesen. Der Gedanke begeisterte ihn.

Dann dachte er wieder, dass die Welt um einiges gerechter und schöner wäre, wenn die Menschen nur dann Kinder zeugen könnten, wenn Mann und Frau ihren Orgasmus gleichzeitig bekämen. Dann würde man auch viel leichter erkennen, welche Kinder nur vorgetäuscht waren, und welche nicht.

Auf dem Weg zu seiner lückenlosen Aufklärung durchlebte er viele seltsame Phasen. Nachdem er also irgendwann erfahren hatte, wofür diese seltsam zusammengepressten Wattestäbchen mit den türkisfarbenen Fäden gebraucht wurden, erlag er aufgrund seines damaligen Halbwissens einem neuerlichen Irrtum. Er glaubte ernsthaft, dass alle Frauen des Planeten am gleichen Tag ihre Tage bekamen.

In seiner vorpubertären Fantasie war es seltsamerweise der 26. des Monats. Keine Ahnung, warum gerade dieser Tag sich in seinem Hirn manifestierte. Und das wiederum führte abermals zu eigenwilligen Fantasien in seinem kleinen Buben-Universum.

Er stellte sich vor, dass das viele Blut ja irgendwohin musste und sich jeden Monat auf der ganzen Welt alle Ozeane und Meere rot färben müssten, weil ja das Blut vom Klo in den Abwasserkanal und von da aus in die Flüsse fließen und dann in den Ozeanen und Weltmeeren landen würde und dass das in Wahrheit der Grund war, warum das rote Meer „Rotes Meer" hieß.

Gleichzeitig stellte er sich vor, dass Millionen von Frauen spätestens am 28. des Monats völlig blass wären, weil sie ja alle viel Blut verloren hätten. Und das unabhängig davon, ob sie aus Duisburg, Hongkong oder Uganda stammten.

In seinen Augen ereignete sich jeden Monat eine Umweltkatastrophe, und er fragte sich besorgt, wie die Menschen ernsthaft glauben konnten, dieses Problem mit so einem lächerlichen kleinen Wattestäbchen in den Griff zu bekommen.

Heute ist er erwachsen und natürlich um einiges schlauer. Heute weiß er, dass die Dinge ganz anders liegen und ganz anders sind.

Trotzdem gibt es Momente in seinem Leben, wo ihn seine Fantasien einholen und er sich genauso hilflos fühlt wie damals. Wo er Menschen dabei beobachtet, wie

sie versuchen, ihr Meer an Problemen mit einem – symbolisch gesprochen – lächerlichen Wattestäbchen in den
Griff zu bekommen und ernsthaft glauben, dass sie sich
an einem dünnen türkisfarbenen Faden aus der Affäre
ziehen können.

# Wiebke – Beziehungshülsen

Du, wir müssen echt reden
so kann es echt nicht weitergehen
weißt du du musst loslassen
du bist total verschlossen
du machst komplett zu
Schatz du kannst nicht ewig
deinen ganzen Scheiß mit dir rumschleppen
und ihn anderen Leuten aufhalsen
ich bin ja kein Recyclinghof
weil eins ist klar
alles im Leben kommt zurück
und das ist jetzt bei dir auch so
du kriegst halt jetzt die Rechnung präsentiert
ich habe gemeint du kriegst die Rechnung präsentiert
für das was du der Bella angetan hast
sag mal hörst du mir eigentlich zu
ich hab gefragt ob du mir zuhörst
kannst du bitte einmal den Scheißcomputer weglegen
wir essen gerade
manchmal hab ich das Gefühl du hörst mir nie zu
nie
ja wirklich jetzt zum Beispiel
was denkst du gerade
ich hab gefragt was du gerade denkst
soll ich das hier anlassen oder lieber das rote
das muss ich dir schon sagen
am Anfang warst du viel romantischer
ich hab gesagt am Anfang warst du viel romantischer
romantischer

ja das habe ich gemeint
ich dachte du freust dich wenn ich uns was zum Essen
    mache
das sind Kerzen
wegen der Romantik
du musst deine Traumata einfach überwinden
das sind ja nur Zwiebeln sonst nix
das ist ja nur psychosomatisch
sonst nix
vielleicht machst du einfach einmal eine Familienauf-
    stellung
wegen deinem Zwiebeltrauma
ist ja so
ist ja so
ist ja so
der eine musste in der Kindheit von Zwiebeln kotzen
und der andere ist vom Pfarrer missbraucht worden
das hat sehr wohl was miteinander zu tun
es ist einfach nur die Frage ob man hinschaut oder nicht
sag ich ja
es ist ein Unterschied ob man von einer Zwiebel
oder einem Pfarrer missbraucht wurde
ist ja so
kannst du jetzt bitte endlich einmal das Scheißding
    weglegen
ich rede mit dir
ich versuche gerade den Abend zu retten
du solltest mir echt dankbar sein
probier es doch wenigstens einmal
die Zwiebeln schmeckst du eh nicht raus
die sind total weich gekocht
eigentlich weiß ich gar nichts über dich
ich weiß ja nicht einmal ob du Kinder magst
vielleicht ist es besser wenn wir einfach Freunde bleiben
ich habe gesagt es ist vielleicht besser wenn wir Freunde
    bleiben

vielleicht bist du einfach noch nicht offen für eine neue
    Beziehung
nein du das ist echt okay
es liegt nicht an dir
es liegt an mir
oder an den Zwiebeln
keine Ahnung
wie kommst du jetzt drauf dass ich missbraucht wurde
du hörst mir echt nicht zu
weißt du dass du ein ganz schöner Arsch sein kannst
meine Eltern sind aus der Kirche ausgetreten
da war ich 4
das war auch nicht immer leicht für mich
im Kindergarten und in der Schule
gegenüber den anderen
da war das echt noch was anderes
ich meine heute ist das ja ganz normal
da ist das ja eher ungewöhnlich wenn deine Eltern noch
    zusammen sind
heutzutage
ich habe gesagt das ist total normal wenn deine Eltern
    geschieden sind
nicht deine
meine
oder findest du mich zu dick
sei ehrlich
wie kommst du drauf dass ich unbedingt eine Beziehung
    will
das hat nix mit der biologischen Uhr zu tun
ganz sicher nicht
aber ich weiß wenn ich nicht suche dann findet mich der
    Richtige
auch wenn es zu spät ist
da muss man echt lernen loszulassen
klar will ich auch mal Kinder
gib es zu du findest mich zu dick

das hat meine Mutter schon immer gesagt
und die hat eine echt beschissene Ehe hinter sich
nicht die mit meinem Vater
die danach
vielleicht bin ich auch einfach nicht bereit für eine feste
    Beziehung
vielleicht liegt es ja wirklich an mir und nicht an dir
vielleicht sollte ich einfach einmal die Kohlehydrate
    weglassen
vielleicht sollte ich einfach einmal wieder ein bissel
    mehr an mich denken
auf mich schauen und nicht immer nur auf die anderen
vielleicht sollte ich wieder einmal eine Familienaufstel-
    lung machen
was bei dir die Zwiebeln sind
das sind bei mir die Männer
ich habe gesagt dass ich noch nicht bereit bin für eine
    feste Beziehung
sag einmal hörst du mir eigentlich zu
findest du eigentlich dass ich zu viel rede
ich habe gesagt es ist aus
gib es zu du findest mich zu dick

Ja Schatz mach ich
überhaupt kein Thema
kein Ding
du es ist nichts
ehrlich
ich weiß überhaupt nicht wie du da drauf kommst
natürlich höre ich dir zu
du können wir später drüber reden
jetzt ist es echt gerade ein bissel blöd
ich muss nur kurz am Computer noch was
    installieren
ganz ehrlich
davon hab ich schon als Kind immer kotzen müssen
ich bin da echt ein bissel traumatisiert
das ist echt toll was du sagst
und das ehrt mich auch total
und ich finde dich auch total toll
und nett
und das mit dem Sex
das wird dann schon noch
das wird eh total
überbewertet
hauptsache dings
und was hilft mir das, dass das psychosomatisch ist?
hab ich's deshalb nimmer?
weißt du ich bin gerade nicht auf der Suche nach einer
    festen Beziehung
aber ich schleppe da echt noch viel Scheiß mit mir rum
und den will ich dir echt nicht umhängen
das hat mir echt ziemlich zugesetzt
das mit meiner Ex
wir Männer stecken so was auch nicht einfach so weg
und ex und hopp zu der Nächsten und so
ich genieße gerade echt die Freiheit
also ich würde sie gern genießen
aber wenn es passt dann passt es

ich finde es auch ganz wichtig dass man sich nicht
    verschließt
aber im Moment bin ich echt nicht offen dafür
ich melde mich bei dir
versprochen
du bist echt die Erste die ich anrufe wenn ich wieder
    offen bin für was Festes
aber ich finde wir sollten das alles auch einfach auf uns
    zukommen lassen
ich bin ja nicht so der Typ der so weit vorausplant
vielleicht kannst du das Essen ja warm stellen für morgen.
puh Kinder weißt du ich bin ja selber noch ein Kind
ich blas die Kerzen aus, okay
ehrlich gesagt ich bin einfach noch nicht bereit für eine
    feste Beziehung
aber ich liebe dich
ehrlich
das ist mir ganz wichtig dass du das weißt

# X – Namika, die Schreiberin

Ihr Vater hatte ihr vor vielen Jahren, als sie noch ein kleines Mädchen war, erklärt, dass ihr Name „Schreiberin" bedeute. Sie fand das absurd, weil sie nie wirklich eine Schule besucht hatte und weder schreiben noch lesen konnte, wie die Hälfte der Menschen in Marokko. Wenn sie irgendwo irgendetwas unterschreiben musste, dann machte sie einfach ein großes X aufs Papier. Sie schämte sich nicht dafür. Im Gegenteil, Namika machte sich einen Spaß daraus, und wenn sie jemand auf dem Amt oder sonstwo fragte, ob sie denn nicht wenigstens ihren Namen schreiben könne, antwortete sie einfach: „Das ist mein Name.

Ich heiße Kreuzchen. Wenn du damit ein Problem hast, dann rede das mit meinem Vater aus." Danach waren die Leute meistens still und gaben sich zufrieden. Irgendwann verselbstständigte sich das. Irgendwann war sie für alle nur noch das Kreuzchen.

Seit Jahren arbeitete sie in dem Hotel als Zimmermädchen. Obwohl sie längst kein Mädchen mehr war. Im Gegenteil, sie war weit über 60. Wenn sie diese ganzen Europäerinnen im Hotel sah, die alle nicht arbeiten mussten, die offenbar noch nie gearbeitet hatten, dann fraß sie nicht der Neid, nein, so war sie nicht. Aber sie verstand es nicht. Hier arbeiteten die Frauen und die Männer saßen meist vor den Cafés. In Europa war das offensichtlich andersherum. Und Liebe? Ihr Vater hatte ihr damals einen Mann ausgesucht und sie hatte ihn heiraten müssen. Liebe hatte sie nie für ihn empfunden. Sie wusste nicht, wie das in Europa war. Vielleicht war das ja auch andersherum. Vielleicht suchten sich dort die Frauen die Männer aus. So stellte sie es sich jedenfalls gerne vor. In ihren Träumen. Sie träumte oft von der Liebe. Während der Arbeit. Manchmal rochen die benutzten Betten im Hotel nach Liebe. Nicht einfach nur nach Sex, sondern nach Liebe. Wie gerne hätte sie das nur ein einziges Mal erlebt. Einmal, da hatte sie nicht anders gekonnt. Da hatte sie sich in das noch warme, liebesmüde Bett gelegt und der Lust nachfantasiert und begonnen, sich zu streicheln. An den Stellen, die ihr Mann gar nicht kannte. Wenn sie an die Liebe dachte, dann war sie vielleicht wirklich noch ein Mädchen. Vielleicht, dachte sie sich, vielleicht hört das ja nie auf. Vielleicht bleibt man ja in Liebesdingen immer ein Mädchen. Vielleicht rennt unser Körper ja nur der Seele davon, aus Angst vor Enttäuschungen. Vielleicht kann die Seele gar nicht altern, nur lernen und nicht vergessen. Vielleicht, vielleicht, vielleicht …

Vielleicht arbeitete sie deshalb so gern an diesem Sehnsuchtsort. Weil ihr die Betten, denen sie jeden Morgen die nach Hingabe duftende Haut abzog, immer wieder versicherten, dass es doch so etwas wie Verlangen gab.

Namika ging in ihre Etage, um sich umzuziehen und mit der Arbeit zu beginnen. Als sie den Abstellraum öffnete, bemerkte sie, dass ihre Arbeitskleidung verschwunden war. Sie war kurz verwirrt, dann kam ihr diese ältere Europäerin in den Sinn, der sie auf dem Weg zur Arbeit etwas Brot angeboten hatte. Sie war Namika gleich bekannt vorgekommen, sie hatte ihr Gesicht aber nicht zuordnen können. Sie hatte noch gedacht, dass die alte Dame den gleichen Kaftan trug, wie sie einen hatte. Jetzt fiel ihr wieder ein, woher sie sie kannte. Die Frau hatte am Tag zuvor mit dieser lauten Reisegruppe eingecheckt. Sie wirkte unter all diesen Touristen wie ein Fremdkörper. Wie ein Puzzleteil im falschen Puzzle. Zimmer Fünf-Null-Vier. Das war hier. Hier auf ihrer Etage. Aber wie war das möglich? War das tatsächlich Namikas Kaftan? Die Neugier hatte sie gepackt. Zögerlich klopfte sie an die Türe. Dann rief sie übertrieben freundlich: „Roomservice!" Niemand antwortete. Namika blickte kurz auf ihren Universalschlüssel.

Ein Herzklopfen später öffnete sie die Türe und betrat das Zimmer. Es war leer. Das Bett war benutzt, der große Koffer lag offen dort, die Handtasche stand auf dem Tisch, die Kleider der Frau waren ordentlich über einen der Stühle gelegt. Alles wirkte so, als wäre die Frau gerade im Badezimmer. Aber wieso hatte Namika sie dann am anderen Ende der Stadt gesehen? Ohne Schuhe, ohne Handtasche. Das fiel ihr erst jetzt ein. Namika erinnerte sich, dass die Frau nicht verwirrt gewirkt hatte, im Gegenteil, sie sah glücklich aus. Und sie trug einen großen Tiegel Hautcreme unter ihrem Arm. Das Bild hatte sich Namika eingebrannt.

Namika betrachtete die Kleider auf dem Stuhl. Schöne Kleider. Ungewöhnliche Kleider. Nicht so etwas, wie sie immer tragen musste. Ihr Mann mochte die leicht bekleideten Touristinnen nicht, die keinen Anstand und keine Achtung vor seinem Glauben hatten. Dabei hatten er und sein Glaube genauso wenig Achtung vor ihr und all den anderen Frauen.

Vielleicht, weil Namika dachte, dass sie sich im Gegenzug nur das nahm, was die andere ihr genommen hatte, vielleicht auch, weil sie einmal in ihrem Leben so etwas versuchen wollte, jedenfalls zog sie sich mit einem Ruck ihren Kaftan über den Kopf. Sie zögerte und sah sich verunsichert um. Sie stand da in ihrer Unterwäsche und betrachtete die fremden Kleider. Dann konnte sie nicht anders und streifte sich hastig die schöne Stoffhaut der anderen über.

Vorsichtig, beinahe ängstlich ging sie zum Spiegel und betrachtete sich. Der Rock und die Bluse passten perfekt. Es war genau ihre Größe. Sie nahm schnell das Kopftuch ab und staunte über sich selbst. Ihr graues Haar kam zum Vorschein. Sie war plötzlich eine gänzlich andere.

Namika griff nach der Handtasche und hängte sie sich lässig über den Arm. Sie musste lachen, versuchte die Sprache der Europäerinnen zu imitieren und sich zu gebärden wie all diese blonden Frauen in der Lobby, die sich erschöpft von ihren Shoppingtouren in die teuren Sessel fallen ließen und Cocktails bestellten, die so viel kosteten, wie Namika im Monat verdiente.

Ihr Blick fiel auf die Handtasche. Wieder zögerte sie. Wenn ihr Chef sie jetzt so antreffen würde, dann würde er sie ansatzlos schlagen. Dann würde sie ihre Arbeit verlieren. Dann würde sie nach Hause gehen und es ihrem Mann beichten müssen. Und der würde sie noch viel heftiger schlagen. Dann, dann, dann …

Trotzdem öffnete sie die Handtasche. In der Geldbörse befanden sich Bargeld und Kreditkarten. Sie zog den Reisepass der Frau heraus. Auf dem Foto sah sie viel älter und unglücklich aus. Sie lächelte nicht. Namika hätte gern erfahren, wie sie hieß, aber sie konnte den Namen nicht lesen.

In dem Moment klopfte es an die Türe. Von außen drang eine freundliche Frauenstimme ins Zimmer: „Frau Bückmann!? Frau Bückmann!?" Namika wusste in ihrer Angst nicht, was sie tun sollte. Die Frau klopfte erneut. Erst zaghaft, dann immer fester. Sie gab nicht auf. Das spürte Namika. Was wäre, wenn sie den Manager holen würde? Wie sollte sie erklären, was sie hier tat? Ohne ihren Putzwagen?

In ihrer Panik tat sie das einzig Falsche, vielleicht aber auch das einzig Richtige. Sie öffnete die Türe. Ihr gegenüber stand eine junge Europäerin, die sie erleichtert anlächelte. „Ah!! Frau Bückmann, Gott sei Dank, wir haben uns schon Sorgen um Sie gemacht, weil Sie nicht zum Frühstück erschienen sind. Ist alles in Ordnung?" Instinktiv nickte Namika. „Sehr fein! Dann ist ja alles gut…", antwortete die junge Frau. „Unser Bus geht in zwanzig Minuten. Den sollten Sie auf keinen Fall verpassen. Oder wollen Sie vielleicht für den Rest Ihres Lebens hierbleiben? Sicher nicht!" Namika betrachtete die junge Frau eine Spur zu lang. Diese erwiderte leicht irritiert den Blick. Für einige Sekunden schien alles zu kippen. Das Zimmer. Das Hotel. Die Welt. Dann schüttelte Namika entschlossen den Kopf. „Sehr gut. Dann ist ja alles gut. Also in zwanzig Minuten, unten beim Bus! Bis gleich…" Eine Sekunde später war die junge Frau wieder verschwunden.

Namika hatte nicht alles verstanden, aber sie hatte begriffen. Sie drehte sich um und betrachtete noch einmal ihr Spiegelbild. Abermals musste sie lachen. Dann ahmte sie lautlos die junge Frau nach: „Oder wollen Sie für den Rest Ihres Lebens hierbleiben!?"

Der Koffer war federleicht.

# Ylvi – Ausradiert

*(Tragische Trilogie, Teil III)*

Seit ihrer Kindheit verfolgte sie immer wieder der gleiche Traum. Manchmal kam es ihr vor, als wäre sie vor ihm auf der Flucht. Als würde die Traumpolizei sie zur Verantwortung ziehen wollen und erst dann von ihr ablassen, wenn sie ihr beweisen konnte, dass sie unschuldig war.

Sie sah sich in ihrem verschwommenen Traum als kleines Mädchen hinten im Auto ihrer Eltern sitzen. Ihr Vater drehte die Scheinwerfer ab und legte den Leerlauf ein. Das Auto glitt geräuschlos und unsichtbar durch die Nacht. Schneller, immer schneller. Bergab. Dann drehten sich ihre Eltern fröhlich lachend zu ihr um, winkten mit den Händen und riefen bestens gelaunt mit einem Seifenoper-Singsang in der Stimme: „Auf Wiedersehen, Tochter!" Dann rissen sie die Türen auf und sprangen jauchzend aus dem fahrenden Auto. Sie blieb allein in dem führerlos dahinrasenden Kombi zurück und starrte eine Sekundenewigkeit in die Nacht. In ihrer Panik kletterte sie über die vordere durchgehende Sitzbank und versuchte, an das Lenkrad zu gelangen. Genau in diesem Moment wachte sie auf. Jedes Mal. Es war immer der gleiche Traum und sie wachte immer an der gleichen Stelle auf.

Natürlich wusste sie, woher dieser Traum kam. Das war nicht schwer. Zahlreiche Therapeuten, die sie im Laufe der Jahre verschlissen hatte, hatten ihr erklärt, was sie instinktiv sowieso schon zu wissen glaubte.

Ihre Mutter hatte den Unfall überlebt, als ihr Vater und seine neue Frau mit dem unbeleuchteten Wagen damals in das Auto ihrer Mutter gekracht waren. Ylvi hatte hinten im Auto des Vaters gesessen und alles hilflos miterlebt. Livias Schrei, der, wie in Watte gehüllt, im Zeitlupentempo zu ihr auf den Rücksitz gedrungen war und sich zu grünem Glitzerstaub verflüchtigt hatte. Die Seelen der beiden hatten sich wie Sandburgen aufgelöst, die von einer blutigen Flut weggeschwemmt wurden. Bilder von unbeschwerten Italienurlauben streiften ihre Sinne wie kurzes Wetterleuchten. Sie sah Livias Hand auf der Hand ihres Vaters. Sie sah Glück und Leichtigkeit im Moment des Aufpralls. Dann sah sie lange nichts mehr.

Erst im Krankenhaus war sie wieder aufgewacht. Die Krankenschwester erzählte ihr, dass sie durch die Frontscheibe geflogen und direkt auf dem Schoß ihrer Mutter in dem anderen Auto gelandet war. Diese Vorstellung erschien ihr derart kitschig und grotesk, dass sie sich weigerte, daran zu glauben. Ihre Mutter wollte sie nicht fragen.

Seit dieser Nacht verstand sie nichts und niemanden mehr. Die Welt hatte ihr einen glücklich sterbenden Vater gezeigt und eine unglückliche Mutter dem Leben überlassen. Das machte für sie keinen Sinn. Vielleicht verweigerte sie sich deshalb dem Leben. Ihre Wirklichkeit bestand nur mehr aus Unwirklichkeiten und Erinnerungen. Manchmal, wenn sie da saß und Menschen mit ihr Gespräche führten, nur um sich an ihren eigenen Stimmen und gestohlenen Erkenntnissen zu ergötzen, strich sie sich selbst sanft über die Hand und stellte sich vor, wie sich ihre Hand in Luft auflöste. Als würde sie sich still und heimlich selbst ausradieren. Während ihr Gegenüber die Weltpolitik neu erfand, fuhr sie mit der flachen Hand weiter hinauf zu ihrem Herzen, rieb sich unauffällig über die Brust, verlor jegliches Gefühl und brachte sich dann, Kopfweh vortäuschend, dezent an den Schläfen zirkulierend, um den Verstand. Aus ihrem Gegenüber rannen die verkalkten Worte weiter, wie aus einem defekten Wasserhahn. Dabei musste der andere doch sehen, wie sie sich vor seinen Augen immer mehr ausradierte, vor ihm verschwand, sich in Nichts auflöste. Aber er sah nur sich, ohne ihren Verlust wahrzunehmen.

Einmal, als sie wieder einmal dabei war, sich aus der Affäre zu wischen, hatte eine Frau am Nebentisch sie dabei beobachtet. Wie zufällig begegneten sie einander auf der Damentoilette. Ohne das Gespräch mit irgendwelchen Floskeln zu verwässern, sagte die Frau: „Ich kenne das. Mir geht es hin und wieder auch so. Manchmal habe ich den unbändigen Drang, mir einfach die Tischdecke über den Kopf zu ziehen, um mich wegzaubern zu können wie Houdini." Sie gingen gemeinsam aus dem Lokal und ließen zwei ratlose Männer an ihren Tischen zurück. Sie wurden ein Paar und zauberten sich ein neues Leben aus dem Hut. Iris war 15 Jahre älter als sie und gelernte Kinderkrankenschwester. Manchmal fühlte Ylvi sich derart umsorgt von ihrer Freundin, dass sie sie scherzeshalber „meine ganz persönliche Mutter Teresa" nannte.

Für lange Zeit schienen Ylvis Träume, Erinnerungen und Visionen verschwunden. Dank ihrer Freundin empfand sie ihre Seele als geheilt und befreit. Sie begann zu fotografieren und hatte sich in den erfrischten Kopf gesetzt, einen Bildband anzufertigen. Sie wollte all die Kreuze und Grabsteine an den Straßenrändern ablichten, die von tragischen Unfällen zeugten. Die verblichenen, verdreckten Fotos junger Menschen oder auch die liebevoll mit Blumen geschmückten Mahnmale des Leichtsinns oder der Unschuld rührten ihr Herz. Sie wollte die Schicksale dahinter festhalten, den Verstorbenen und den Hinterbliebenen mit diesem schmerzhaften Dokument ihren Respekt zollen. Dies war keine leichte Aufgabe für Ylvi, hatte sie sich doch seit ihrem eigenen schrecklichen Unfall nie wieder in ein Auto gesetzt. Also begab sie sich per Rad auf ihre Reise durch Österreich. Der Gedanke, keines dieser Mahnmale auszulassen, wurde jedoch zur Manie. Unentwegt überprüfte sie die Chroniken der Tageszeitungen auf menschliche Verluste im Straßenverkehr. Kaum wähnte sie, nichts ausgelassen zu haben, ereignete sich auch schon das nächste Unglück. Sie hatte sich, ohne es zu erahnen, einer Sisyphusaufgabe verschrieben. Irgendwann kapitulierte ihr Verstand, und Iris musste sie völlig aufgelöst und entkräftet am Rand einer Bundesstraße bei Niederfladnitz auflesen. Danach verschlechterte sich ihr Zustand zusehends.

Ylvi fühlte sich auf seltsame Art entleert und ausgehöhlt. Ihr Innerstes schien ihr wie ein riesiger Fundus, aus dem alle angesammelten Erfahrungsstücke gestohlen worden waren. Als wäre sie von innen ausradiert worden. Als hätte jemand mit einem riesig großen Löschstift nachgeholfen oder heimlich einen Strohhalm durch ihr Ohr eingeführt und sie ausgetrunken wie einen Cocktail. Sie hörte regelrecht das schlürfende Geräusch, als es um die letzten Tropfen auf ihrem zerbrechlichen Seelenboden ging. All diese Bilder sah sie in ihren neuen, anderen Träumen. Bis sie eines Tages die Ursache an der inneren Leere entdeckte. Iris hatte ihr alle ihre Erinnerungen mit ihren scheinheiligen Küssen aus dem Kopf gezogen, zu Amuse-Gueules verarbeitet und an bedürftige, vom Leben gelangweilte oder enttäuschte Menschen verfüttert. Alle hatten mitgenascht an ihren Erinnerungen, sich daran satt gefressen und sie danach wieder ausgekotzt.

Iris bestritt den Diebstahl und meinte, dass es an den Medikamenten lag, die Ylvi gegen ihren Rat abgesetzt hatte. Aber Ylvi wusste, dass sie log. In ihrer Verzweiflung setzte Iris die sich auflösende Ylvi gegen deren Willen ins Auto. Sie wollte sie zu ihrer Mutter bringen, in der Hoffnung auf Versöhnung und Rettung.

Auf der Fahrt stritten die beiden heftig miteinander. Während sie sich gegenseitig anschrien und Ylvis Worte selbstständig kränkende Töne fanden, musste sie allein und verloren in der leeren, inneren Fundgrube an ihre Mutter denken. Ihre Mutter, deren moralische Urteile immer am Anfang ihrer Denkprozesse standen. Nie am Ende. Ihre Mutter, die Ylvi immer für ihre lähmenden Abhängigkeiten verachtet hatte, ihre stoische, unbewegliche Mutter, die niemals freiwillig ihren Beifahrersitz geräumt hätte. Niemals! Das begriff sie in diesem Moment.

Und da passierte es. Zum ersten Mal sah Ylvi ihren Traum ganz klar und deutlich vor sich. Nicht verschwommen wie all die Jahre zuvor. Das war nicht ihre Mutter dort am Beifahrersitz, das war sie gewesen. Sie saß da mit ihrem Vater.

Sie sah ihre Hand auf seiner Hand. Sie waren es, die sich zur Mutter umgedreht und fröhlich lachend gesagt hatten: „Auf Wiedersehen, Mutter!"

In der Sekunde der Erkenntnis blickte Ylvi ein letztes Mal zu Iris, während sie ihr sanft und dankbar über die Hand strich.

Dann öffnete sie die Beifahrertüre ...

# Zores – Memoiren eines Scheißkerls

Er wollte sich umbringen. Er war zu alt für eine Weltkarriere, zu jung für die Pension und zu müde für eine Affäre. Ein Scheißalter. Also Selbstmord. Wegen einer Frau. Weil sie verheiratet war. Sie hieß Olga und hatte ihm aus einer belanglosen Laune heraus Herz und Verstand verdreht. Während er mit seelischem Motorschaden auf der Kriechspur der Gefühle stand, raste Olga schon wieder an ihm vorbei auf das nächste Abenteuer zu. Dass ihm das einmal passieren würde, faszinierte ihn regelrecht.

Im Bad lagen die Pillen. Aus einer selbstverliebten, leichtfertigen Laune heraus, die er für berechtigtes Selbstmitleid hielt, schluckte er den gesamten Inhalt der Packung auf einen Sitz hinunter. Außerdem hätte er sowieso nicht gewusst, was er mit dem verlorenen Abend hätte anfangen sollen. Da konnte man sich genauso gut umbringen.

Dann hatte er diese Erfahrung. Er dachte noch: Wahnsinn, da ist ja wirklich was dran, in der Sekunde des Todes zieht das ganze Leben wie ein Film an einem vorbei, und dann ging es los. Sein Film begann allerdings mit der Titelmelodie der ZDF-Hitparade. Dieter Thomas Heck erschien völlig unpassend auf einem grünen Hügel und rief in seinem typischen Stakkato ins Mikro: „Heute zum ersten und zum letzten Mal dabei. Startnummer null, meine Damen und Herren, das Leben ist ein Schlager. Hier sind sie, die Memoiren eines Scheißkerls mit dem überaus verheißungsvollen Titel: Fang das Licht!"

Das war sein Stichwort. Die Scheinwerfer gingen an, blendeten ihn, er stolperte hinaus auf den Hügel, seine Kosakenmütze rutschte ihm vom Kopf, er verwickelte sich mit den Füßen im Kabel seines Mikros und landete schließlich auf dem Hintern. Niemand lachte. Es war kein Mensch da. Kein Publikum. Kein Dieter Thomas Heck, kein Ivan Rebroff, keine Mouse, kein McNeal und auch kein Vater. Niemand. Völlig verloren und allein stand er auf diesem Hügel und sah sich verunsichert um. Das sollte also sein Leben gewesen sein? Ein öder Hügel im Niemandsland?

Die Gegend erinnerte ihn an „Schindlers Liste", genauer gesagt, an die Schlussszene von „Schindlers Liste", in der alle Menschen, die Oskar Schindler gerettet hatte, auf einen grünen Hügel liefen. Aber es erinnerte auch ein wenig an die Szene in „Der mit dem Wolf tanzt", in der Kevin Costner verloren in der Prärie stand und einfach nur Stille herrschte. Totale Stille. Diese typisch amerikanische Präriefilmstille, wenn man nur den Wind in den Gräsern hört und die Geigen des Orchesters.

Aber plötzlich hörte er doch etwas. In der Ferne. Ein dumpfes, bedrohliches Poltern. Budumm-budumm-budumm. Der Boden fing an zu vibrieren, zuerst ganz leicht, dann immer stärker. Er kniete sich hin, hielt sein Ohr ans Gras und hörte es ganz deutlich. Budumm-budumm-budumm. Oder war das nur sein Herz, das an die Türe seines Traumes pochte?

Ängstlich richtete er sich wieder auf – und da sah er etwas in der Ferne. Es kam näher und näher. Er kniff die Augen zusammen, um besser sehen zu können. Und plötzlich erkannte er, was da auf ihn zuraste. Schweine, das waren echte Schweine. Ganze Herden an fetten Mastschweinen, voll mit Antibiotika und Hormonen. Hunderte Rinder, Kälber, Kühe, Schafe. Sie alle galoppierten auf ihn zu. Zwischen ihren Hufen glitten tausende glitschige Fische über den Abhang hinunter. Gänse, Hühner, Enten flogen knapp über ihn hinweg, es schien, als wären Himmel und Erde von Tieren bedeckt.

Aber kurz, bevor sie ihn niedertrampeln oder mitreißen konnten, teilte sich das Meer an Tieren und raste an beiden Seiten an ihm vorbei.

Dieter Thomas Heck kehrte für einen kurzen Augenblick zurück und legte freundschaftlich die Hand auf seine Schulter: „Tja, das alles hast du in deinem gotterbärmlichen Leben in dich hineingefressen!"

Kaum hatte er begriffen, was das bedeutete, rollten auch schon zigtausende Kartoffeln auf ihn zu. Der Horizont verdunkelte sich, ein Tsunami aus Reiskörnern flog über ihn hinweg. Tonnen an Gemüse, Obst, Süßigkeiten und Chips flogen wie Kanonenkugeln und Wurfgeschosse durch die Luft und suchten sich ihren Weg an ihm vorbei in den Abgrund.

Danach herrschte wieder Stille. Erleichtert atmete er auf, als eine einsame, verlorene Zwiebel langsam über die Kuppe rollte und gegen seinen Fuß prallte wie eine Spielkugel in einem Flipperautomaten. Dann fand auch sie ihren Weg in die Dunkelheit.

Gerade als er glaubte, der Irrsinn wäre überstanden, begann es jedoch zu hageln. Unfassbare Mengen an Kopfschmerztabletten und abgebissenen Fingernägeln prasselten auf ihn nieder.

Auf einmal stand er in einem Tümpel klebrig-süßer Flüssigkeit, die nach abgestandenem Cola stank. Ein dunkles Bächlein rann über die Kuppe des Hügels direkt in den Tümpel. Auch der Geruch war ihm vertraut. Das war Fernet! Gleich darauf kamen von überallher noch mehr Bäche auf ihn zu. Wodka, Martini, Whisky, Bier. Ja, Unmengen an Bier. Die vielen Bäche mündeten in dem stetig ansteigenden Tümpel und bildeten schließlich einen reißenden Fluss, auf dem mächtige Weinfässer hin und her schaukelten. Der Strom spülte ihn hinunter bis knapp vor den Abgrund. Der Alkohol stand ihm bis zum Hals. Er bekam einen mächtigen Kopfschmerz, noch bevor der Fluss, so schnell wie er gekommen war, auch schon wieder im Nirgendwo versickerte. Er konnte sich gerade noch an einer der riesigen Tabakstauden festhalten. Kaum hatte er sich von dem Schock erholt, begann es auch schon zu schneien. Um ihn herum wuchs mächtig viel Gras.

Dann wieder Stille. Völlige Stille. Nicht einmal Geigen.

Hastig kletterte er zurück auf den Hügel. Gerade als er sich in Sicherheit wähnte, sah er sie alle auf sich zukommen. Wie in „Schindlers Liste". Alle Frauen aus seinem Leben. Statt der Geigen erklang nun „Can the Can"! Wie damals beim ersten Mal mit Ina Schmitz. Sie waren alle da. Alle, mit denen er je geschlafen hatte, alle, die ihn geprägt oder ihn längst vergessen hatten. All jene, die ihn hassten und verachteten, und auch all jene, die er verachtet und gehasst hatte. Und alle, die er geliebt hatte!! Die Frauen seines Lebens marschierten geschlossen auf ihn zu. Annette, Bella, Charlotte, Ernestine, Ina, Olga, Paula, Quanita, Rosa, Stella und all die anderen. Und dann noch einige, die sich eigentlich gar nicht mehr an ihn erinnern wollten oder konnten.

Sie marschierten auf ihn zu. Er wich zurück, stolperte und fiel in den Abgrund. Erst in diesem Moment begriff er, dass der Abgrund sein eigenes Grab war. Er war in einem alten Holzsarg gelandet. Die Frauen verharrten am Rand des Abgrunds und sahen zu ihm hinunter. Keine von ihnen weinte um ihn. Er versuchte zu schreien, aber seine Stimme versagte. Er versuchte sich zu befreien, aber er schien wie gelähmt. Gerade als er die Hoffnung aufgeben wollte, sah er Gott. Allerdings nur Karel Gott. Er begann zu singen: *„Fang das Licht von einer Nacht voll Sternenschein. Halt es fest, schließ es in deine Träume ein. Heb es auf und wenn die Dunkelheit beginnt, dann vergiss nicht, dass irgendwo noch Sterne sind."* Er dachte: Gut, dass das jetzt keiner von meinen Freunden hört oder sieht.

Hinter Karel tauchten immer mehr Männer auf und stimmten in das Lied ein. Ivan Rebroff, Alexander der Große, Bruce Willis, sein Vater, Mister Moneymaker, J. R. Ewing, Don Quichotte, der Bergdoktor und unglaublich viele Männer, die aussahen wie er und doch gänzlich andere waren. Sie alle sangen für ihn. Ja, sogar die Frauen stimmten ein: *„Fang das Licht! Halt es fest! Für den Tag, an dem die Hoffnung dich verlässt. Und glaubst du, dass es für dich kein Wunder gibt, dann vergiss nicht, dass jemand da ist, der dich liebt!"* Er wusste nicht, ob er weinen oder lachen sollte. Gab es einen peinlicheren Todestraum als diesen? Was hatte er verbrochen, dass Gott ihn so strafte?

Paula machte den Anfang und warf ihr filetiertes Herz mitsamt Teller zu ihm in den Sarg. Charlotte warf einen Sack Kartoffeln hinterher. Julia begann leise „By the Rivers of Babylon" zu singen. Bella schleppte einen alten Fernseher an, Dorothea eine Pizza Hawaii, Friederike ein Kreuzworträtsel, Gabriele eine Lebenslangspielplatte und einen

Cremetiegel, Hanna streute grünen Glitzerstaub über ihn, Ina Schmitz warf eine abgewetzte Cordhose und ein Kondom hinein, Kalinka Huisman eine Lakritzschnecke und einen Sternenhimmel, Dorothea etwas Schatten, Rosa etwas Sonne und eine fast neuwertige Kindheitensammlung, Livia einen Hauch Sprachlosigkeit, Nora einen Klassenbucheintrag und ein warmes Tweed-Sakko, Quanita ein Stück Nougatschokolade, Olga eine Wolke aus Zuckerwatte, Annette eine Nietzange und einen Achselhaarrasierer, Ulla ein paar schön verheilte Narben und einen roten Handschuh, Vivi einen Raumanzug, Wiebke ein paar Floskeln, Namika den Rest ihres Lebens, Ylvi ein Kreuz und Ernestine eine Zwiebel und einen fetten Schlüsselbund. Er lächelte zufrieden und dachte: „Ich habe es gut getroffen! Der Rest ist euer Salat."

In der Ferne sah er verschwommen eine Prinzessin aus einem Hubschrauber springen, direkt ins Plüsch. Sie raste auf ihren Skiern auf ihn zu, ein pulsierendes, neues, besseres Herz in der linken Hand.

Eine Hundertstelsekunde zu spät.

# P.S.: Baucis & Philemon

Vor einiger Zeit hatte er einmal ein altes Ehepaar vor einem Schuhgeschäft stehen sehen – und sie hatte sehr liebevoll gesagt: „Nein, nein, ich kauf dir keine neuen Schuhe. Sonst läufst du mir noch davon!" Das ist Liebe, oder!? So hatte er sich das jedenfalls immer vorgestellt. Gemeinsam alt werden. Darum geht es.

Das Paar spaziert durch irgendein Senioren-Biotop. Er schlurft in einem komischen Laufgerät, einem doppelten Spazierstock auf Rädern, neben ihr her. Er zwinkert einer jungen Schwester zu – aber sie glaubt nur, dass ihm etwas ins Auge geflogen ist. Seine Frau schaut ihn an, er schaut seine Frau an, und sie weiß genau, was er denkt: „Oh Gott, was tue ich hier mit dieser alten Schachtel!?" Und plötzlich packt ihn die Wut und er schleudert seine Ersatzfüße weg, lässt alles hinter sich, die Inkontinenz und die Prostata-pillen und seine Frau – und es haut ihn so was von auf die Gosch'n. Und sie beugt sich zu ihm hinunter, sie sehen einander tief in die Augen – und sie flüstert liebevoll: „Du kleines Würstel!" Und er flüstert: „Mit Schuhen wär' mir das nicht passiert."

Dann simulieren beide Alzheimer und sind einander wieder gut. Sie setzen sich unter eine Linde auf eine alte Eichenbank, halten sich an den Händen, lächeln …

… und sind nicht allein. Bis ans …

# Dank!

Dank an meinen Lebenskumpan und künstlerischen Wegbegleiter Rupert Henning, mit dem gemeinsam vor vielen Jahren die erste und die letzte Geschichte für die Kabarettistin Andrea Händler entstanden sind, auch wenn beide Geschichten mit der Zeit gereift sind und sich sehr verändert haben. Dank auch an Rupert für das wundervolle „konjunktivistische" Lied in „Paula", das mich schon so viele Jahre begleitet, dass es irgendwann zu „meinem" Lied geworden ist. Dank an Reinhard Nowak, mit dem vor vielen Jahren die Grundidee zu „Dorothea" in einem seiner Soloprogramme entstanden ist. Dank an Veronica Ferres, die mir die Inspiration zur „Handschuh"-Geschichte großzügig überließ. Dank an André Heller und Herman van Veen, die mir (ohne es zu wissen) immer wieder Rückenwind waren beim Bereisen meiner kreativen Meere.

# Inhalt

Uli Brée

**Schwindelfrei**

**Frauen sind gar nicht so,
sie sind ganz anders...**

Auch als Hörbuch erhältlich
Gelesen von Uli Brée

Klavier und Arrangement: Markus Linder
Vertrieb: Hoanzl

Uli Brée

## Vorstadtweiber –
## Am Anfang war die Lüge
Wie alles begann

Bitterböse, rasant, abgründig
und sexy: Uli Brées Roman über
das Vorleben der Vorstadtweiber

ISBN: 978-7017-1675-3

Lustvolle Intrigen, seelische Abgründe, erfundene Wahrheiten,
verdorbene Herzen und die skrupellose Suche nach dem Glück
zeichnen die Lebensgeschichten der Weiber aus der Vorstadt aus.
Wenn wir aber hinter die Kulissen von Glanz und Glamour schauen,
entdecken wir Männer und Frauen mit aufrichtigen Einsichten und
grausamen Absichten, getrieben von ihren Geheimnissen, Ängsten
und Sehnsüchten. Aber wie wurden fünf ganz verschiedene Frauen
zu den „Vorstadtweibern"? Wann sind sich Caro, Maria, Sabine,
Nicoletta und Waltraud zum ersten Mal begegnet? Wie wurden sie
zu unzertrennlichen Freundinnen? Und welches unsichtbare Band
fesselt sie aneinander? Verbindet sie gar eine gemeinsame Schuld?
Antworten darauf gibt Uli Brée erstmals in diesem Roman.

Eine unromantische Hochzeit wird zum Ausgangspunkt einer
Geschichte, in der rasch klar wird: Das Vorleben der Vorstadtweiber
ist um nichts weniger bösartig, verlogen und amüsant als die
TV-Geschichten.
Luigi Heinrich, KLEINE ZEITUNG

Gedruckt wirken die schrägen Verwicklungen, die sich der Autor
ausgedacht hat, noch wahnwitziger.
Philipp Wilhelmer, KURIER